歌から人生を学ぶ

青春歌謡名詩抄

若井勲夫

文芸社

目次

第二章　文芸世界を彩る青春歌謡

第三章　混迷・苦悩・憂愁の青春歌謡

はじめに

「歌は世につれ、世は歌につれ」と言われるように、歌謡曲はその時代の人心や風潮を映し出し、逆に、その時々の人々の考えや心情がそれにふさわしい歌を生み出す。

本書は青春歌謡の歌詞を文学作品の詩の一分野と位置づけ、その意味内容と言語表現を国語学・国文学の研究方法によって分析して、青年の生き方・考え方、青春の在り方・本質を日本人の精神史の一環として探究しようとする。

ここで取り上げる「青春歌謡」とは、昭和三十年代後半より新しく登場した若手の歌手が青春の素晴らしさ・明るさを歌った曲、その一方、昭和五十年代に入って、この風潮に抗するように、青春の別の側面である苦しみ・悲しみを主題にした歌謡曲を中心とする。

ただし、昭和十年代より四十年代にかけて青春文学を題材にした文芸歌謡、また、青春と銘打っていなくても、若い人の心の思いを歌った一般の歌手による流行歌も含める。さらに、その後の新しい音楽の分野、例えばフォークソング、ニューミュージック、J－POPなど軽音楽的な歌曲、さらにアイドル歌謡まで適宜、選んで考察の対象にする。

歌詞を引用する方針は次の通りである。

1、歌詞はその歌の心情や思想を表す重要な部分に限定する。

2、作詞者名、歌手名、レコードの発売（リリース）年（年号は略称）を作品の次に記す（作曲者名は省略する）。

3、漢字・仮名の表記は原歌詞のままである。

4、歌詞の改行や節の変わり目を「／」で示すことがある。

5、原歌詞が一行の中で一字空白の場合、そのままにする。ただ、漢字や平仮名が続いて読みづらい時は適宜、読点（、）を付けることがある。

6、ふりがなは原歌詞になくても、付けることがある。

7、歌詞を中略する時は「…」を記す。原歌詞にもともと「…」がある場合、「…」《ママ》と記す。

第一章　明るくてひたむきな青春歌謡

一　純情で熱気あふれる学園生活

㈠　「高校三年生」―青春の讃歌

青春歌謡のはしりと言えば、昭和三十八年の「高校三年生」であることは周知のことであろうが、実はその前座となる歌がその前年にあった。それは「いつでも夢を」（佐伯孝夫詞、橋幸夫・吉永小百合歌、昭37）である。

これは同名の日活映画の主題歌で、戦後が復興の兆しを見せ、所得倍増計画のもとに経済成長が目指され、テレビやステレオが登場したころである。「青春歌謡」という言葉はこの歌の作曲者、吉田正が使い出したと言われていて、まさに新しい歌の水先になった。

星よりひそかに　雨よりやさしく／あの娘《こ》はいつも　歌ってる…
言っているいる　お持ちなさいな／いつでも夢を…

明るく優しく素直な歌声は若者だけでなく、戦前、戦中を生き抜いてきた国民に希望と夢を与えた。「若い」「青春」という言葉は直接に表されてはいないが、青年の明朗で快活な心情に溢《あふ》れている。

この映画の挿入歌として歌われたのが「街の並木みち」（滝田順詞、浜田光夫歌、昭37）である。

街の並木みち／柳も萌えて／若い日が昇り／朝が来る／歌をうたおよ《ママ》青春の歌

「腕をいっぱいさしのべて」「こころ楽しくそよ風と」と、情景を歌うことによって、若き日を一筋に生きようとする熱意が満ちてくる。

続いて、同じ年に「若いふたり」（杉本夜詩美《よしみ》詞、北原謙二歌、昭37）も流行した。

きみにはきみの夢があり／ぼくにはぼくの夢がある／ふたりの夢をよせあえば／そよ風甘い春の丘／若い若い　若いふたりの／ことだもの

これら三篇に共通するものは「歌」であり、歌うことによって心を共有し、「夢」を持ち続け、「若い」「青春」の道を歩もうとする。青春の中身を具体的に描くことはなく、一般的であり、現実性（リアリティー）に欠けるが、歌う者がそれぞれに夢の内容を想像する余地を残す。心強く晴れやかな青春歌謡への先駆けとなった。

これを受けて、「高校三年生」（丘灯至夫《としお》詞、舟木一夫歌、昭38）が詰襟《つめえり》の学生服姿の高校三年生の歌手によって颯爽《さっそう》と鮮やかに世に現れた。同じ題名の大映映画と相俟《あいま》って情熱的で健康的な青春生活が軽やかで明快な曲に乗って、学園の浪漫と友情を高らかに宣言し、清々《すがすが》しく謳歌《おうか》された。

赤い夕陽が校舎をそめて／ニレの木陰に弾む声…　泣いた日もある怨《うら》んだことも／

思い出すだろ《ママ》、なつかしく…　残り少ない日数を胸に／夢がはばたく遠い空

この各節の冒頭部分が高校生活の情景を生き生きと描き、歌う者の心の中に染み透《とお》る。

ぼくら／フォークダンスの手をとれば／甘く匂うよ黒髪が

当時、フォークダンスと言えば、新しい男女共学の高校生活の象徴であり、一輪の華でもあった。その上に、「黒髪」が優しく流れ揺れて、かすかに香るとなると、その経験がなくとも胸が疼《うず》いてくる。この心情はしらけた世代の現代の若者にも通じるであろう。

ああ高校三年生　ぼくら／道はそれぞれ別れても／越えて歌おうこの歌を

卒業して別れ行くのが定めである。それでも将来への道は希望に満ちて開かれていく。誰もが通過して行く青春の歌は「いつまでも」歌われ続け、かくして、この青春讃歌は青春歌謡の出発として定着し、歌い継がれてゆくことになろう。

舟木はそれから後も青春歌を数多く歌ったが、「学園広場」（関沢新一詞、舟木一夫歌、昭38）を挙げておく。

空にむかってあげた手に／若さがいっぱいとんでいた…

学園広場は青春広場／夢と希望がある広場

大学紛争の起こる数年前のことであるが、学園生活を「学園広場」「青春広場」と讃美する。翌年の新幹線開業と東京オリンピックを前にして、国全体が活気と熱気に漲《みなぎ》っていた時のことである。以下、続々と新人歌手が登場して、青春の華やかさ、美しさを満喫して

いく展開となった。

(二)　幻の「高校三年生」第一作

この舟木一夫の「高校三年生」は、青春歌謡の始まりとして歌謡史に残るべきものである。ここで取り上げるのは、実はこの歌にもう一篇の歌詞があったという事実である。同じ作詞者の丘十四夫《としお》（後に、灯至夫と改名）が昭和三十年にコロムビア文芸部の依頼により詩を書き、タイプ打ちまでされていた。作曲はされていないが、丘は当時、三十代初めの岡本敦郎《あつろう》を歌手に想定していたという。しかし、大人の流行歌にふさわしくないということで、レコード化もされずに作者の手許《てもと》にそのまま埋もれていた。これは青春を歌う独自のジャンルがまだ認識されず、従来の流行歌並みに考えられていたのである。

ここで、記録に残すために全歌詞を掲げる（『丘灯至夫作品集─あの青春《ゆめ》この詩《うた》』ＣＤ版、平５）。

紺の制服　ギャザァのひだに／若く明るい　陽がのぼる／ああ　高校三年生／
鐘も鳴ります　カレッジの／鐘はふくらむ　胸に鳴る。
リラの咲く朝　ラケット握り／星の降る夜に　涙ぐむ／ああ　高校三年生／
鐘も鳴ります　カレッジの／鐘は乙女に　揺れて鳴る。

残り少ない　校舎の窓に／友の倖《しあわ》せ　祈る歌／ああ　高校三年生／
鐘も鳴ります　カレッジの／鐘は未来の　夢に鳴る。
ポプラ並木を　肩よせあるく／黒い瞳よ　いつまでも／ああ　高校三年生／
鐘も鳴ります　カレッジの／鐘はあこがれ　秘めて鳴る。

高校生活のひとこまがさまざまに描かれるが、やや類型的で生き生きした躍動感が足りない。「リラ」の花は春に咲き、寒冷地の北海道に多く、高校生に馴染みがない。「ギャザァのひだ」がただひとつ光って独自性がある。これは胴回りにギャザーを寄せ、裾《すそ》がひだになっているスカートのことであろう。しかし、昔の女学校以来、ひだはきっちりしているのが普通で、作詞者は音数と語感からこのように表現したのであろうか。一方、元ゼミの女子卒業生に尋ねたところ、大きめのひだのことで、制服のスカートの広がる裾の部分が動くとふわっとして、かわいらしく若々しさが出る、プリーツのようなはっきりとしたひだではない、ということであった。

この歌の中心的な詩句は、各節に繰り返される「鐘」である。「ふくらむ胸に／乙女に揺れて／未来の夢に／あこがれ秘めて」鳴り響く。この鐘は何を意味するのだろうか。

ここで思い合わされるのは若山牧水の旅の歌である。牧水は明治四十年、二十二歳の時、宮崎に帰省する途上、「中国を巡りて」と題して歌う（『海の声』、明43）。

けふもまたこころの鉦《かね》をうち鳴らしうち鳴らしつつあくがれて行《ゆ》く

この歌に続いて有名な「幾山河越《いくやまかは》えさり行かば寂しさのはてなむ国ぞ今日も旅ゆく」を詠んだ。「あくがる」とは古語で、心や魂が身体から離れ出て、さまようことである。では、「こころの鉦」とは何か。青年の心の中に生きて揺れ動く理想、夢、憧れ、情熱、また活動する魂や根源の精神力であろう。旅を人生と観じた牧水は、旅を通して自らの生き方を求めたのである。

これを踏まえてこの詩を味わうと、高校生の青春の心情を「鐘」によって表すのはよいけれども、何度も重ねる割には心の高鳴りが不足し、また、昔ならともかく、今の日々の学校生活に鐘がどのように息づいているか現実味に欠ける。

この第一作はその後、公表されなかったが、昭和三十七年、丘は当時、新聞記者をしていて、高校の文化祭の取材で東京の松蔭学園を訪れた。男女の高校生がフォークダンスを踊る姿を目の前にして、それは「びっくり仰天の風景…いささか羨ましくもあった」。そこで、その夜、まず「フォークダンスの　手をとれば　甘く匂うよ　黒髪が…」の新作を一気に書き上げた。

こうして、翌三十八年に新しい「高校三年生」が明るく元気一杯に歌われ、熱狂的に迎えられ、広まっていった。もし第一作が世に出ていたら青春歌謡史がどのようになっていたか、その時々の運命の巡り合わせを感じる。

なお、余談であるが、女性らしさの象徴ともいうべき黒髪をその翌年に歌った梶光夫のデビュー曲「黒髪」（西沢爽詞）の第二節を挙げる。

おゝきく夢を持つのよと／僕を叱ったさみしい笑顔／黒髪　黒髪／
あの人の　くろかみに／別れの風が　むせんだあの日

この「あの人」とは先生と思われるが、「年上の女もの」のはしりと言われ、「あまい薫りをしのべば泣ける」のであり、「いまもかなしく忘れやしない」と思い慕っている。しかし、青春はここから這い上がり、生きて成長した自分を「あの人」に見てもらってこそ意味がある。

㈢「君たちがいて僕がいた」と「振り向けば…」

舟木一夫は「高校三年生」で青春歌謡界へ登場した数年後、昭和三十九年に「君たちがいて僕がいた」（丘灯至夫詞）を歌った。

心の悩みを　うちあけ合って／眺めたはるかな　山や海／
言葉はつきても去りかねた／そんなときには　いつの日も／
ああ　君たちがいて　僕がいた
さよならする日は　肩くみあって／しあわせ信じて　うたおうよ／
大人になるのは　こわいけど／そんなときにも　離れずに／

ああ　君たちがいて　僕がいた

この「僕がいた」の助動詞「た」を過去の意味に取って、この歌は回想と現在が重なり、混在していると解釈する説がある。しかし、この「た」は単なる過去ではなく、ああそうだったと、現在（歴史的現在、劇中の現在）の状態を確認し強調する意味である。「僕がいる」でもよいのだが、確かにその通りだった、今になって、気がついたのだ、と強める。それほど「僕」は友達に恵まれ、「母にも似た　優しい目差《まなざ》しの　君達がい」た（序の台詞《せりふ》）のである。

ただ、友と「離れずに」はいいとしても、この若い時代に「ひとり、孤独」でいることの価値が表現されていない。個の確立の観念は、昭和四十年代後半、青春歌謡の成熟の時を待たねばならない。

なお、この歌のレコードジャケットの写真が舟木の最後の学生服姿になった。舟木はすでに高校を卒業していて、作詞者は彼の「学園ソング」をこれで締め括《くく》る意図もあった。

この歌は女声合唱付きで人気が沸き、東映により映画化された。レコードはA面がこの歌、B面には同じ作詞者、作曲者（遠藤実）で舟木は「青春はぼくらのもの」を歌い、映画の主題歌でもあった。これにはあと二つあり、ヒロインの本間千代子が「愛しあうには早すぎて」「海ほうずきの頃」（ともに丘灯至夫詞）を歌った。この三篇の歌詞の一部を順に掲げる。

ちぎれた暦はもう二度と　この手の中にかえらない
ぼくら前進あるばかり　きけよ希望の鐘も鳴る
ああ青春はぼくらのもの

青春時代はかえってこない　みんな大事にしましょうよ
愛しあうのは早いのね　鷗《かもめ》の歌もしおなりも
波勝《はがち》岬（注、伊豆半島南西岸にあり）は思い出岬

心にひとり決めた人　口には出さず別れてく
海ほうずきは知っている　美しい願いは　いつか散るものよ

さて、この「君たちがいて僕がいた」の句は、若者どうしの友情や男女の恋愛に静かに広い影響を与え、同じような発想と言い回しの歌が作られた。阿久悠がまず「二重唱（デュエット）」（岩崎宏美歌、昭50）を作詞した。

あなたがいて　私がいて　ほかに何もない　ただ秘密の匂い　たちこめるだけ
あなたが好き　ほんとに好き

「あなた」と「私」、二人のみ存在する、それだけで貴重な濃密な場と時間である。「あなたと　私の恋の時」は他者の入り込む余地がない。逆に言えばあなたがいなければ、私も

いないといった境地である。

続いて、昭和五十一年に郷ひろみの「あなたがいたから僕がいた」（橋本淳詞）がある。

あなたがいたから僕がいた／こころの支えをありがとう
…泣いたりすねたり　求めたり／ふたりは離れていられない
…真心かさねて欲しいよ／やさしく育てた　愛だから／
捨てたりできない　ふたりとも

舟木の歌が男どうしであるのに対して、これは若い男女の心の交流である。あなたがいてこそ僕は生きていける、同時に僕がいるからあなたも生きていける。互いに「こころの支え」となり、心が響き合っている。「やさしく育てた愛」は共通の心の基盤に立ち、相互的な、互いに掛け替えのない我と汝《なんじ》としての間柄によって成り立っている。これは青春時代の特質なのである。

阿久悠の第二作は「恋するような友情を」（シブがき隊歌、昭63）である。

きみがいて　ぼくがいたり　ぼくがいるから　きみがあったり
青春の日々をいつも　ともに過して　ここまで来たよ…
友だちは友だちだよ　恋人ではない
だけどそれより深い…
そして永遠につづくさ

最初の二行だけ見ると、ただ仲の良い友だちのように思える。しかし、終わりになると、「恋人」ではなく、「それより深い、永遠につづく」と歌う。これはどういうことか。「きみ」と「ぼく」の二人は対等に、共に独立した人格的な存在である。そこに、男どうしの互いの立場を認め合い、心の通う価値を持ち合う。これは我と汝が互いに相手の中に永遠の汝（神）を感じ取る世界である。こう考えると、この題名の意味、恋をするような思いの友情と合わなくなる。ここでは、ブーバーの我汝哲学の視点から私解を述べておく。

ところで、著者がこの「君たちがいて僕がいた」の句を口の中でころがしていた時、ふと「振り向けば君がいて」の句が頭に浮んだ。これはいつも君が自分のそばにいる、現実でなくても想念、思いの中に君の存在がある、それほど親しく近いという意味であろう。

この句の出典をJRの「青春18きっぷ」や「フルムーン」（夫婦二人合わせて、八十八歳以上）の旅がふさわしいと思って、その謳《うた》い文句を中心に調べたが見つからず、あるいは著者の心の中から自然に作り出されたのだろうか。

この舟木の歌と同じ年に、実は同じような句を使った歌があった。これはいわゆる青春歌謡ではないが、国語表現の型と感情の同じ作用の考察として歌詞を引用する。

…忘れられない　面影を／抱きしめさまよう霧の街／

…君の影かと振り向けば／冷たい落葉が咽《むせ》ぶだけ／

…今は逢えぬアヤ　遠くなったアヤ／無駄と知りつつ呼んでみる／

わかっておくれよ　この心

（「振り向けばひとり」、宮川哲夫詞、フランク永井歌、昭39）

題は「振り向けば」に続いて「ひとり」であるが（ドラマでは「ふりむけばひとり」）、歌詞は普通の叙述で、舟木の曲想や著者の思い浮べた「君がいて」と本質的に関わりのない表現である。この「ひとり」は失恋によって自分ひとりになった寂しい心情を歌う、やや平凡で定番の流行歌である。

この「ひとり」には先に述べた自立的、内面的な個を目指す自主性がない。これは孤独ではなく、孤立である。これでは自らの生き方を求め、自己の形成と深化に向けて進むことができない。自己の本源と創造に入る内面的な孤独と、外に向かって自立しない表面的、外面的な孤立、ひとりぼっちとは基本的に違いがある。

この「振り向けば」に注意しているうちに、「振り向けば友達」という句を見つけた（日本教師会『日本の教育』、平25・2）。海外留学した女子学生は母親（小中学校の教師）の言うには、中高時代から人見知りせず誰とでもすぐに友達になれる性格で、それが海外でも発揮された。これも何かで聞いた句でなく、自分の口から自然に出てきた文句らしい。問題の、（いつもそこに）「君たちがいて僕がいた」という発想はごく日常的で、よく思いつかれる表現かもしれない。

さらに続いて、流行歌で「ふりむけばヨコハマ」（たきの　えいじ詞、マルシア歌、平

1）という歌があった。歌手は日系ブラジル三世（女性）である。これも青春歌謡というより一般的な歌謡曲であるが、「ふりむけば」の心の動きを知るために述べる。

…恋はいつも　背中合わせ／追えば追うほど　手の平返す／
ふりむけば　ヨコハマ／くちびるが淋しい
…そばに居るだけで　華やかなひとときを／生きてゆけるわ／
…ふりむけば　ヨコハマ…あなたしか見えない…

恋人と出会ったヨコハマしか眼中になく、今ここにいるところがすべてである。この場から離れることもできず、ヨコハマと「あなた」とは一体である。しかし、「置いてきぼり」になって、捨てられた侘《わび》しさ、苦しさの中に居続ける。

これらの歌の記憶が頭のどこかにあって、それが「振り向けば（君がいて、友達）」の着想・連想に結び付いたのであろうか。これは「君たちがいて僕がいた」に通じる連想と言えよう。「振り向けば」の句がまるで慣用句的、成句的な日本人らしい気持ちの表現に定着したと言ってもよいだろう。

ここまで考えてくると、新しく「振り向けばふたり」という句も生まれてくるのではないか。さらにまた、「振り向けば青春」という句も湧き出てくる。日々、常に青春を生き、探り歩む。青春の気を心に持ち、貫き、人生を拓《ひら》こうとする。これこそ青春の窮極の特質を表す表現である。言葉の世界はこのようにして広がっていく。

以上のことを書き終えて一年後、著者が思いついた「振り向けば君がいて」とそっくりの語句を、孫が運動会の前に歌っていて驚いた。それは『みんながみんな英雄』（篠原誠訳詞、平27）である。原曲はアメリカの「オクラホマ・ミキサー」で、著者の高校時代の体育祭にフォークダンスの曲として流れていたのと同じものであった。

原題の訳は「われらの中の七面鳥」で、作曲はトラディショナル、「オクラホマ」とはアメリカの中西部にある州である。この第二節は次のように歌う。

振り向けば　君がいる／前向けば　友がいる／
走って　転んで　寝そべって／あたらしい明日が待っている

歌い出しは「特別じゃない　英雄じゃない　みんなの上には空がある」と軽やかに始まり、誰もが「あたらしい世界をもっている」「あたらしい自分になってゆく」と、ひたすら向日的で明るい。この「振り向けば」は現代の慣用句として定着してもよい名文句である。

しかも「振り向けば」だけでなく、「前向けば」と前進し、この二つが対句になっている。常に友がいて、その交流によって希望や「未来」に繋がる新しい人生が開けてゆく。

しかし、青春はその根底に一人で孤独の中で自分を見つめる内面の時間も必要である。明るく楽しい一面とともに、暗く苦しいこともある。一人になって精神的に成長し、発展することを踏まえて、この歌のように晴れやかで快活な青春を味わうことが大切である。

㈣　清らかな心の通い合い

「美しい十代」（宮川哲夫詞、三田明歌、昭38）は、同名の日活映画の主題歌であった。

いつもこころに二人の胸に／夢を飾ろうきれいな夢を／

…昨日習ったノートを君に／貸してあげようやさしい君に／

…遅くなるからさよならしよう／話しあったらつきない二人／

「明日《あした》またね」と手を振りあえば／丘の木立ちに夕陽が紅い

このように学園生活の具体的な一場面を描くところに、素朴で純粋な心情がイメージとして漂ってくる。単に、夢や憧れだけでは当たり前過ぎて、惹《ひ》きつけるものがなくなった。

「すばらしき級友《クラスメート》」（佐伯孝夫詞、三田明歌、昭39）も同じ表現方法を取る。

ほのかに悲しくひっそりと／水銀灯がともるよに《ママ》／セーラー服のあの胸に／

僕の思いがともったら…ノートにいつしか書いている／僕たち二人のイニシアル／

心と心抱き合った／そこにあるんだ幸福《しあわせ》は

高校生活での友との交流と純愛は、誰もがありし日を回想する時、一度は経験したことのある、共通の思い出として懐かしく、かつ温かく蘇《よみがえ》ってくるであろう。青春の純なる思い合いは時代を超えて生き続けるのである。

「君だけを」（水島哲詞、西郷輝彦歌、昭39）は男の子の、女の子を理想化して崇《あが》め、慕う情が正直に告白されている。

いつでもいつでも／君だけを夢にみている／ぼくなんだ…／
黒い瞳に出合うたび／胸がふるえるぼくなんだ…君の素敵な黒い髪／
雨に濡れてた／長い髪

澄んだ瞳と黒く長い、しっとりとした髪は「いつでも」夢見るように美しく輝いている。「清らかな青春」（結城隆磨詞、山田太郎歌、昭38）は、題名通りの清純な心の交流をかみしめる。

さよならのことばに代えて／ささげたよわすれな草を
雨の丘にひとり／僕はぬれていたよ／いつまでもいつまでもしょんぼりと

現実の世界を超えて、少年少女のこころの共通の思い出として精神界に昇華され、生き続けるであろう。

「清く明るく美しく」（結城隆磨詞、山田太郎歌、昭39）は、宝塚歌劇のような美の世界に入っていく。この歌の題名は宝塚歌劇団、宝塚音楽学校の「清く正しく美しく」の標語、校訓に倣ったものであろう。

美しい山の白百合／制服の胸にかざろう／この花は僕のものだよ／
この香り君のものだよ／胸をはり　肩をくんだら／あたたかい　なみだにじむよ

このような交際の経験が実際になくても、清明な心に憧れ、しばし仮想の世界を味わうことができる。まさしく「正統派青春歌謡」として評価された。

青春歌謡の歌い手は十代の美少年であり、自然に「少女・女学生」を歌うことになる。「女学生」（北村公一詞、安達明歌、昭39）は、月刊雑誌『女学生の友』が広く読まれていたころに世に出て、心熱く受け容れられた。

セーラー服に朝霧が／流れていった丘の道／赤いカバーのラケットを／
そっと小脇にかかえてた／君は明るい　君は明るい女学生

「朝」と「丘」はお決まりの場面で、そこに「セーラー服」が輝くと、もう青春の舞台に入《い》り立つ。「赤いカバーのラケット」はバドミントンではなく、テニスで、「赤い」色が効いて、早くもその情景が浮ぶ。

この「君」はほかの節で「やさしい」「ステキな」と形容される。これを聴く少女たちは歌手がこちらに顔を向けて歌いかけることから、まるで自分に呼びかけてくれていると、歓声をあげて熱狂的に迎えた。当時の青春讃歌はそれを受け取る聴き手の心も豊かに清らかで、歌手と一体の境地に達したのである。なお、「ステキ」は「素的、素敵」ともに字感（文字から感じられる印象）が悪く、平仮名でいいのではないか。

「赤いカンナが咲いていた」（東次郎詞、安達明歌、昭39）は、花が咲いていた登下校の道での物語である。

あなたがくれたコスモスを／ノートにはさんだよろこびが／たそがれの／
色ににじんだ思い出よ…あなたにあげるブローチを／夕陽にかざしたしあわせが／
湖の／風に吹かれた思い出よ…あなたとぼくの友情を／書いた日記がなつかしい
かすかな初恋の「友情」は、互いの心情の情緒を培う基根となっていくであろう。

付け加えれば、そのころ学園ものの青春歌謡の隆盛とともに歌手のブロマイドが発売されるようになり、人気を博した。とりわけ若い女性歌手はセーラー服姿の写真がもてはやされた。男性歌手が歌う歌にセーラー服がしばしば出てくるのは、そこに清純な憧れと若さ溢れる美の源泉が象徴的に表れているからであろう。

以上を通して見ていくと、青春の素晴らしさや美しさを讃《たた》える歌に二種類あることに気がつく。ひとつの物語をなして、特に少年少女の生活と心の交歓を具体的に描く歌と、青春の特性を総括的、一般的に説く歌である。例えば、「青春の城下町」（西沢爽詞、梶光夫歌、昭39）は、城下町のたたずまいとともに「青春の思い出」が流れる。

はじめてふれたほそい指／ひとつちがいの君だけど／矢羽根《やばね》の袂が可愛《かわい》くて

古城は歌によく歌われる場面で、人物が生きていて、互いの触れ合いが感じられる。それに対して、「青春讃歌」（西沢爽詞、梶光夫歌、昭40）は東映映画「可愛いあの娘」の主題歌で、同じ作詞者、歌手であっても微妙な相違がある。

青春の花　てのひらに／風にむかって駈けぬける／未来の山を　あの川を／
恋する君と一緒なら／さあ手をつなごうよ　歌おうよ／若い若い　青春讃歌

続いて、「しあわせ、自由な夢、元気、この道」と歌っていく。確かに「讃歌」らしく美しく理想的な言葉が並べられているが、このような定式的、典型的な発想だけで、これから青春を生き抜こうとする力強い情熱が駆り立てられるだろうか。あまりにきれいに整い過ぎて、心に訴えかけるものに欠ける。

では、「雨の中の二人」（宮川哲夫詞、橋幸夫歌、昭41）はどうであろうか。

…肩を寄せ合う小さな傘が／若いこころを燃えさせる／
別れたくないふたりなら／濡れてゆこうよ何処《どこ》までも／
…頬に浮べた可愛いえくぼ／匂うなじもぼくのもの／
帰したくない君だから／歩きつづけていたいのさ

この歌は青春歌謡というより流行歌謡といってよく、中高校生より年を重ねている。純情で明朗な気分は流れているが、「高校三年生」をはじめとする素朴、単純な明るさ、楽しさはなく、第一、学園や学校を舞台にした生活ではない。

この予兆は既に「学生時代」（平岡精二詞、ペギー葉山歌、昭39）にあった。

夢多かりしあの頃の／思い出をたどれば／…過ぎし日よ、わたしの／学生時代

大学生活の回顧を感傷的にアルバムふうに綴《つづ》っている。旺盛な情熱は失せ、ただ懐かし

むだけである。しかし、若き日の思い出を蘇らせて、中・高年として生きゆく元気が得られることも幸いなるかな、である。

昭和三十年代の後半、四年間にわたって数多くの青春歌謡の情熱が一気に噴出して活気を帯び、一つの時代を画した。そして、内容も多様に拡充してきた。しかし、これに飽き足らず、時代の傾向に応じ、新しい詩想によって、より深く青春像の別の一面が開かれてくるようになるのは十年の後のことである。

㈤　素直で生真面目な心意気

清純歌手、二代目コロムビア・ローズ（本名、宗《むね》紀子）が歌う「長い一本道」（星野哲郎詞、昭38）が、東京都教育委員会の「推薦流行歌第一号」として「異例」の評価を受けた（日本教師会『日本の教育』、昭38・5）。

長い一本道…どこまで続く…こころの旅路…元気を出して歩いていこう…
長い一本道…あのころの道…私の夢よ…勇気を出して歩いていこう…

若者の進んでいくこれからの人生を「長い一本道」と捉え、それは遍歴する「こころの旅路」であり、ここに「私の夢」が秘められている。

小説家の柏原兵三が昭和四十四年に著した『長い道』は少年の成長物語で、これが藤子不二雄Ⓐの漫画『少年時代』に描かれ、後に映画化、その主題歌「少年時代」(平2)が歌われた(後述)。

このような「長い一本道」、「長い道」は「雨　風　嵐」も吹き寄せるが、「濡れても平気歩いて行こう」と、苦難を乗り越えようと励ます。青年の歩む道は人生の「長い一本道」なのである。

この翌年十二月、彼女は「二十才《はたち》」(丘灯至夫詞、昭40)を歌う。

花ならば　白百合の花／星ならば　水色の星／あこがれは　清く明るく／
二十才　あゝ　二十才／幼い夢と　我は別れん
昨日まで　あまえたけれど／これからは　大人の私／
雨や風　たとえ吹こうと…くじけずひとり　我は歩まん

成人を迎え、清純な「あこがれ」を抱き、「清く明るく」生きていこうとする。「幼い夢」と別れて、「雨や風」に負けずに「ひとり」歩み続ける。

青春歌謡の初期はこのように、素直に明朗に、また真面目に生きようと心を持し、保っていた。この歌は今なお成人式で歌われ、また、曲が流されるところもある。歌謡の生命は時代が変わってもこのように生き続けるのである。

軽やかに明るく歌う歌手の九重佑三子が、昭和四十四年に「高校時代」(里野以久詞、原六朗補作)を歌った。この歌は素直でやさしい歌であるが、それほど広がらなかった。

「ひとつひとつの想い出が　ハートの窓からこぼれそう」と、やはり素朴で純情、しかも詩的である。「合格発表、見に行く日」から始まるのも珍しい。

夢に見ていた制服を／はじめて着てみたうれしさに／
道で会う人会う人に／コンチワいっぱいばらまいた
入学式に登校する、新鮮で心が躍動するうぶな初々しさがよく表れている。各節が「なつかしいあの頃　高校時代」と結ぶが、心を深く揺さぶるものに欠ける。

純粋な青春歌謡の全盛期は昭和三十年代後半から四十年代の前半で、その後の青春ものはスポーツ中心の学園ドラマが主流で、教師と生徒、また生徒どうしがぶつかり合った。

この歌が歌われた四十四年は大学紛争がようやく下火になりかけた時で、高校を含めて混乱し、教育への信頼が失われつつあった。しかもペギー葉山の「学生時代」（昭39）の題名や「なつかしいあの頃　学生時代」の歌詞に似ていて、二番煎じの印象もあった。このような事情が重なり、この歌は今や知る人も少ないであろう。

(六)　青春期・青年期の意義

ここで、特にこの素直で純情な歌を採ったわけは、青春歌謡の明るく純粋な一面を改めて理解するとともに、青春という一つの時代、時期の意義を考えるためである。その要点は次の通りである。

1、ペギー葉山の「学生時代」の題はもともと「大学時代」であった。しかし、それでは大学に進まなかった者には受け入れられず、範囲が狭くなる、もっと幅広く「学生時代」の方がよいとの意見があって改められた。

2、小説家、久米正雄は大正七年に「受験生の手記」を含む短篇集『大学時代』を刊行した。当時の学生生活に材を取ったものである。また、ドイツの小説、『みずうみ』では幼い頃の淡い恋心を老年に至って回想する哀切で抒情的な心的世界を描いたシュトルムにも『大学時代』がある。ほのかな哀愁と浪漫精神に満ちた清純、誠実な作品である。このような「大学時代」より広やかな「学生時代」の方が、「学生生活」の匂いとともに、現実的な生き生きとした息吹と生態が感じられるであろう。

3、昭和二十年代後半から昭和六十年代まで、旺文社の発行する生徒向けの学習総合雑誌があった。それは『中学時代』『高校時代』『螢雪《けいせつ》時代』で、教養雑誌の役割も果たした。学習研究社は『中学コース』『高校コース』などが愛読された。しかし、それも学園紛争の影響を受け生徒・学生としての自覚・意識が薄れ、知的で人文的な教養主義への懐疑・否定とともに、若者は雑誌文化に関心を寄せなくなった。

4、このような風潮によって、高校時代、大学時代、学生時代という言葉も意義を失ったのではないだろうか。現代は生徒・学生の区別も薄れ、大学生さえも自分を生徒と呼ぶことがある。それぞれの画期を成す時期・時代・段階と捉え、定めず、積極的に生きる姿勢・意欲もなく、時間が凪《なぎ》のように平坦に経過するだけで、学校に通う生活が日常的、受身的に何となく続いていく。

5、従って、青春期・青春時代とことさら特定して価値を見いだし、創造することもなくなる。青春の喪失は青春文学・青春歌謡の衰退をも意味する（後述）。

6、しかし、人生において「―時代」と特別に画し、竹の節のように区分してその意義・価値を捉え、認識して生き切ることは人間の成長過程に大切なものである。人生の半ば以上になって、例えば「壮年・中年・高年・熟年・老年」時代などと言って、特に取り出して新たに人生の展開を始めるには、積極的な強い意力・気力・体力を必要とする。そのことを考えると、青春歌謡の歌詞を分析して、青年の生き方を探ることは人生論の一分野としても重要な意味があるのである。

二　ひたすら若さを傾け、青春を生き抜く

昭和四十年代に入り、世は高度経済成長の真っ最中、四十四年に東名高速道路が開通し、先にできていた名神と直結した。四十五年に万国博覧会が大阪で開催され、国を挙げて向上への活力に溢れていた。一方、大学紛争という騒動もあったが、一時的なものに終わった。それでもこの動きは若者の抑え切れないエネルギーの発露を建設的、創造的な方向に目覚めさせるのに影響を与えたであろう。

このような時代の気運に、前代の純情で快活な青春歌謡から抜け出て、その心情を新しい世界に向けていこうと、青年の活溌な生き方が摸索され出した。その先駆けとなったのがやはりテレビで、小説が青春ドラマとして制作された。

まず、その先駆けとして、昭和三十五年に刊行された石原慎太郎の『青年の樹』は、「邪と戦い、正義を貫く」青年の、責任を持って妥協しない生き方を描く。最終章の「本当の青年になれ。そうしていつまでも青年でおれ」という父の遺言は作者の信念でもあった。

そのドラマの主題歌「青年の樹」（石原慎太郎詞、三浦洸一歌、昭36）は鼓舞する。

雲が流れる丘の上／花の乱れる草むらに／ともに植える一本《ひともと》の…／
若き希望と夢の苗／空に伸びろ青年の樹よ／

…多感の友よ思わずや／祖国の姿いまいかに／
明日の夜明けを告げる者…／われらを置きて誰《たれ》かある／国を興せ青年の樹よ

続いて、石坂洋次郎原作の『青い山脈』（昭22）が再登場して学園ドラマとなり、主題歌「青い山脈」（西条八十《やそ》詞。歌手は元の藤山一郎・奈良光枝でなく、新しく梶光夫、昭37）が若々しく歌われた（後述）。

この二篇が前触れとなって、新しい学園ものに導いていったのである。

(一)　学園青春に熱中する

前代の青春歌謡は学園の日常生活を描く友情、純情、純愛に焦点を当てたものであるが、昭和四十年代に入って、学園が舞台となって熱血的な鍛錬と対決が展開していく物語が多くなり、スポーツを軸に青年教師と生徒たちが活躍する。特にこのテレビドラマが日本テレビが主になって、次々と話題作を放映した。以下、年代順に述べていく。

「若い明日《あした》」（岩谷時子詞、布施明歌、昭40）は「青春とはなんだ」の主題歌。

若い日の若い夢／青空に描いて／この胸に／満たされた力を信じよう／
新しい明日《あした》は僕たちの手で作るのさ

新しく赴任した若い教師が事勿《ことなか》れ主義の俗物根性を叩きのめし、一方、ラグビー部の顧問として生徒たちの信頼を得て、現代の「坊ちゃん」（夏目漱石の小説）と言われた。

「これが青春だ」（岩谷時子詞、布施明歌、昭41）は同名のドラマの主題歌で、スポーツはサッカー。

大きな空に梯子《はしご》をかけて／真っ赤な太陽、両手で掴《つか》もう／
誇り一つを胸にかかげて／怖れ知らない　これが若さだ／そうともこれが青春だ

「骨太教師」が生徒に体当たりして、人間教育に熱意を燃やす。

「でっかい青春」（岩谷時子詞、布施明歌、昭42）は、やはり同名のドラマの主題歌で、ラグビーを通じて劣等生が克服して伸びていく。

太陽ほほえむ　はるかな地平へ／若い祈りをささげよう／
ぼくの両手のでっかい青春／夢にあふれる　でっかい青春

「進め！青春」（岩谷時子詞、浜畑賢吉歌、昭43）は、生徒とぶつかり合いながら共に成長していく新任教師を描く。これもサッカー。

進め青春！　火のように／進め青春！　どこまでも／大きく夢見て／
信じて生きて／近づく嵐もおそれるな

「炎の青春」（岩谷時子詞、中原蒼二歌、昭44）は、新卒の男性教師が女子中心の私立高校に赴任し、一日目から騒動が起こる。スポーツは初めてバレーボール。

どこへゆくのと　きくのか／ぼくが選んだこの道／明日《あした》へ歩く…

僕を導く太陽　輝く時に…ぼくと幸せ分け合う心のひとを／
若い血潮が燃える青春　炎が燃える／たったひとつの空の道さがそう
…誰も知らない空の星さがそう

「おれは男だ！」の主題歌は「さらば涙と言おう」（阿久悠詞、森田健作歌、昭46）で、女子生徒が大半を占める私立高校に転任した熱血漢が主人公で、剣道部で活躍する。今までの学園ものは教師が主役であったが、これは生徒が中心で、俳優と歌手をこなした森田健作は「青春男」と評判になったほどである。

青春の勲章は／くじけない心だと／知った今日であるなら／さらば涙と言おう／
…恋のため愛のため／まっすぐに生きるため／泣けることもあるけど／
さらば涙と言おう

「さみしさも悲しさも」乗り越えて、精進して向上しようとする辛苦を深く心に蓄えてこそ、精神的な成長を遂げるのである。

「飛び出せ！青春」のテレビドラマは主題歌が「太陽がくれた季節」（山川啓介詞、青い三角定規歌、昭47）で、スポーツはサッカー。

青春は太陽がくれた季節／君も今日からはぼくらの仲間／
燃やそうよ　二度とない日々を

挿入歌は二つあり、一つは「青春の旅」（同）である。

きのうの夢に住んでいられずに／あしたの愛をもう待ちきれずに／
君はとびだす　まだ見ぬ海へと／
そうさ　そいつが青春の旅さ…君のゆくのを待っているように／
見ろよ　あんなに太陽は近い

あと一つは「青春はどこに」（岩谷時子詞、村野武範歌、昭47）で、太陽学園高校に正義漢の青年教師が赴任し、生徒たちとともに学園改革に乗り出す。

若者よ俺たちの道に／一度だけ咲く花がある…
若者よこの日この時の／生命《いのち》の証《あか》しを立てよう

ここで着目すべきことは青春と太陽との関わりである。歌詞から拾っていくと、「太陽摑もう、太陽ほほえむ地平、僕を導く太陽輝く、太陽がくれた、太陽は近い」と続き、その極みがずばり「太陽学園高校」である。青春は「春」の意味があるが、一方、夏のような輝く力の籠ったものなのである。

「われら青春！」は、十年間続いた日本テレビによる青春ものの、実質的に最後に位置づけられる。主題歌は「帰らざる日のために」（山川啓介詞、いずみたくシンガーズ歌、昭49）であった。

愛する人がいるなら／求めるものがあるなら／
なんにも怖くはないさ　そいつが青春／燃えてる夢をいのちを／

残らず使ってみようよ／二度と戻らない今日のために

その挿入歌の一つが「ふれあい」（山川啓介詞、中村雅俊歌、昭49）で、前作と同じく太陽学園の改革に新任教師が乗り込む。失敗を続けながら生徒らの人望を得る情熱的な「兄貴」型の先生であった。スポーツはラグビー部。

空しさに悩む日は／あの人を誘いたい／ひとことも語らずに／
おなじ歌　歌おうと／何気ない心のふれあいが／幸せを連れてくる

このほかの挿入歌に「青春貴族」（同）があり、青春を生きる自らを「貴族」として捉えたところに新鮮なエリート意識と自覚を感じさせる。

根っから気のいいやつばかり…のんびり自由なやつばかり
…ハートがでっかいやつばかり／青春貴族だ　おれたちは

このように、昭和四十年代の青春歌謡は、三十年代後半とは異なる青年像を歌った。前代は学園生活を通して若い純潔と意気に包まれて、青春を謳歌した。その情熱を基盤にして、この時代になると若さを一途に一点に傾倒、集中させ、学園内で青春の熱気をぶつけていく。それがスポーツによる修養・訓練、選手どうしの切磋琢磨と友情、また、生徒と教師との熱い精神的な交流に深まり、さらに大切な仄《ほの》かな恋心も秘めていた。前代の「春の心」より、「夏の気」へ向かっていったと評することができよう。

この期の歌が「青春学園」と概括されることもあるが、私は「学園青春」と名付ける。

前節の舟木一夫に代表される、明朗快活な青春味の溢れる学園生活というよりは、この節のスポーツものはむしろ学園の中で青春の魂と血が滾《たぎ》り、青年の生き方そのものが張っている。そうして、この活気、活力が新しい局面に向かって発揮されていった。学園における青春であり、その青春の実質を歌ったのである。

(二) 貧苦にめげず、希望へ向かう

これまでの青春歌謡は青春の明るく元気な面を打ち出して、まっすぐ進もうと励まし合ってきた。しかし、それは青春の一面であり、その逆の、暗く苦しい面を見つめ合って青春を乗り越えようとする歌謡曲が新しく歌われ出した。

それは親を亡くした五人の兄妹たちが厳しい現実に立ち向かい、協力し合って生きていく「若者たち」(藤田敏雄詞、ザ・ブロードサイド・フォー歌、昭41)で、同名のテレビドラマと映画の主題歌であった。

君の行く道は／果てしなく遠い／だのになぜ歯をくいしばり／
君は行くのか／そんなにしてまで／
…君の行く道は／希望へと続く／空にまた陽《ひ》がのぼるとき／
若者はまた／歩きはじめる

遠い道は希望への道に通じていく。その道を求めて青年はひたすら歩み続ける。誠実、真剣で、生真面目な生き方である。若さを讃え、誇るだけではない。その若さを生かして、勉学や仕事に一所懸命、努力していくのである。

当時、内容が暗いという批判もあったが、フォークソングとして親しまれた。静かで穏やかな曲調は今も中高年に懐かしがられ、前代と異なった青年の純粋さが漂っている。

(三) スポーツ根性で心身を鍛える

昭和四十年代に少年少女向けの週刊の漫画雑誌でスポーツものの劇画が連載され、熱狂的に読まれた。「巨人の星」(梶原一騎原作、野球)、「あしたのジョー」(高森朝雄〈梶原一騎〉原作、ボクシング)、「サインはV」(神保史郎原作、バレーボール)などで、これらがテレビアニメやドラマとして放映され、その主題歌が歌われ、さらに人気を高めた。

一例を挙げれば、「悲運の元三塁手」である父親、星一徹の厳しい鍛錬のもとに野球修業を積んだ少年が「球道精神」によって新しい「魔球」を生み出す、「巨人の星」の主題歌「ゆけゆけ飛雄馬《ひゅうま》」(東京ムービー企画部詞、アンサンブル・ボッカ歌、昭43)は「どんとゆけ」と、猛烈なスポーツ根性を正面にぶつける。

思いこんだら／試練の道を／行くが男のど根性／

まっかにもえる　王者のしるし／巨人の星を　つかむまで…

「柔道一直線」（梶原一騎詞、桜木健一歌、昭44）は漫画と同名の主題歌を歌う。

柔《やわら》の道に生命《いのち》をかけた／男の意地が火と燃える／

…柔の道に試練のあらし／笑ってこらえる血の涙

挿入歌は「男だったら」「君よ泣かないで」「友情の星」で、青年がライバルと対決し、励まし合って、たくましく成長していく。

また、「サインはV」は、中心人物が中学三年生から実業団の女子チームに入って、バレーボールに打ち込む。チームの入れ替えにより旧チーム（昭44）と新チーム（昭48）の歌がある。主題歌は同じ曲名で「サインはV」（岩谷時子詞。麻里《まり》圭子、横田年昭とリオ・アルマ歌、昭44。坂口良子歌、昭48）である。

VICTORY《ブイアイシーティーオーアールワイ》、サインはV／

明け放した空へ、ジャンプ…／うちよせる雲に、アタック…

風に向かい砂を走り、若い夢を／トス、パス…

光追いかけて、ジャンプ…ほほえみの歌うたうときまで…サインはV

女性どうしの友情をもとに、反目も盛り込みながら、汗と涙で青春をバレーボールに懸け、夢に向かっていくスポーツ根性の物語は、「スポ根」と称して圧倒的な熱意で迎えられた。この根底には昭和三十九年の東京オリンピックでの女子バレーの優勝達成があり、それ以来、バレーボールブームが続き、国全体が沸き立っていた。

挿入歌は旧チームが「この道の果てに」「しあわせは何処《どこ》かにいるよ」、新チームが「美しき仲間たち」で、これらの題名から勝利へ力を合わせる選手の情熱や闘志が伝わる。

ここでは「美しき仲間たち」（かわいひろし詞、坂口良子歌、昭48）の一部を掲げる。

ほほにひとすじの涙を流して／遠くをみつめて歩く星たち／

いつかはくるでしょ／幸せの涙で語る日／その日まで

「みんな美しい思い出の中で　結ばれる仲間たちよ」と励まし合い、ひたすら勝利に向かった。恋愛はタブーであり、「サインはV」では「ひかる面影に　ジャンプ　ジャンプ」と、心に秘した恋人に憧れながらも、その「面影」を打ち消すように、「ジャンプ」して越えていこうとする気強い健気《けなげ》さがある。

バレーボールの快挙の余波はさらに続く。「ミュンヘンへの道」のテレビアニメが評判となり、オリンピックのミュンヘン大会で男子バレーが金メダルを獲得する成果に結び付いた。この主題歌はアニメと同じく、その題名の通り「ミュンヘンへの道」（阿久悠詞、ハニー・ナイツ歌、昭47）である。

何かで燃やすのが若いいのち／何かに賭けるのが一度の青春さ／
コートの中には涙もあるけど／それは胸にしみこむ熱い涙／
おぼえておくがいいよ／一途《いちず》に燃えた日々

この挿入歌は「燃える青春」(同)である。

一度だけなら青春の日は／燃えて過してみるのがいいさ／

…長いようでも短い日々さ／だから青春　はげしく生きる

スポ根ものは学園を舞台にはしていないが、その延長として根性をたたき直して、勝利に向かう厳しい練習をともにして試合に繰り広げられる青春の発露であった。

㈣　自立して仲間と我が道を歩む

昭和四十年代後半から学園青春から徐々に離れ、スポーツ根性に続いて、学校を卒業後、青年がどのように世の中を渡っていくかが摸索された。これが以前から青春ドラマの中心を担った日本テレビが新たに開拓した「俺たちシリーズ」である。

その第一作がドラマと同名の主題歌「俺たちの旅」(小椋佳《けい》詞、中村雅俊歌、昭50)である。三人の若者が主人公で、学園生活に馴染めず、はみ出て、学生から社会人になるが、ばらばらになって世に出ても、何となく空しい日々が続く。仲間はそれぞれの理由から家を出て、思うままに自立しようと旅立っていく。

夢の坂道は…たどりつけない山の中へ続いている…／

夢の夕陽は…ほんの小さな一番星に追われて消える…／

夢の語らいは…数えきれない長い年月　うたたねをする

この挿入歌は「ただお前がいい」「ふれあい」などで、揺れ動き、踠《もが》く青春の哀感が漂う。第二作もドラマ名と主題歌が同じで、「俺たちの朝」（谷川俊太郎詞、松崎しげる歌、昭51）である。

ほとばしる水の冷たさに／今日がかくれている／…答えを知らぬきみに／できるのはただ／明けていく青空に／問いかけること

互いに励まし合う五人の若者が二組に分かれ、鎌倉の極楽寺や江ノ島を舞台に共同生活をしながら、希望と失望がないまぜになった青春物語を展開する。挿入歌は「海が呼んでいる」「ふるさとへお帰り」などであった。

完結篇はドラマ名と同じ主題歌が「俺たちの祭」（小椋佳詞、中村雅俊歌、昭52）で、「心の海」を夢想する。

君の手をとり／このままいれば君を傷つけそうで／細まって行く／…遠い島では別れのない愛があるそうな

芝居を志す青年の夢と挫折を描く。挿入歌は「街の灯」「時をひらくと」「辛子《からし》色の季節」などで、手探りの、ほろ苦い青春時代であった。学園の青春からはるか遠ざかっても、世に揉まれながらの青春生活を送っていく。

㈤　熱血教師が生徒に立ち向かう

昭和五十年代は全国的に中学校が荒れ、大学受験という目標を持つ高校生と比べると、中学生は幼さと大人への渇望とが入り混じった複雑な世代である。このような現状に対峙《たいじ》するかのように、テレビドラマ「3年B組金八先生」が登場した。

武田鉄矢の扮する金八先生は、非行や暴力などの事件に真正面からぶつかり、生徒たちに立ち向かい、同時に心を共有し、解決へと導いていく。この体当たりのひたむきな教師としての姿勢は、共感と応援の情をもって歓迎された。

その主題歌が「贈る言葉」（武田鉄矢詞、海援隊歌、昭54）である。ただ、この歌について作詞者は「ある女性との別れを思い浮かべて作ったもの」と語り、全歌詞を読むと確かにその通りで、ドラマの中身と合っていない。しかし、世間ではその題名と初めの「贈る言葉」から、卒業する生徒へ贈る教師からの別れと励ましの言葉として理解されている。

その一方、それに続く第一・二節の各四行が、その「言葉」の内容（科白《せりふ》）であることが逆に認識されていないことが多い。そこで、そのことが分かるように歌詞を掲げる（傍点と「　」は引用者が付す）。

暮れなずむ町の光と影の中／去りゆくあなたへ贈る言葉／

「悲しみこらえて微笑むよりも／涙かれるまで泣くほうがいい／
人は悲しみが多いほど／人には優しく出来るのだから」／
…「信じられぬと嘆くよりも／人を信じて傷つくほうがいい／
求めないで優しさなんか／臆病者の言いわけだから」

「優しさ」「癒やし」が求められ、「優しい時代」「癒やし系の音楽」とか言われる風潮の続く今日もなお、この歌が卒業謝恩会や同窓会などで親しまれる理由のひとつに、この歌詞の的を射た独自の鋭い指摘があるからではないだろうか。

青春における「優しさ」が、若い人にとってどのような意味を持つのか、相手のためになるのか、実は重要な問題を提起している。

三　ほのかな恋ごころと憧れ

(一)　秘めた初恋

以上に取り上げた清純な交友と若さの発露をかみしめる青春歌謡は青春の特性として広く一般的に見られるものである。次に、これを源泉の感情として内面の思いをさらに細かく分析して、深くて静かな面を考察していこう。

まず、まだ青春歌謡という言葉のなかったころ、その導きのように現れたのが「北上夜曲」（菊地規《のりみ》詞、和田弘とマヒナスターズ、多摩幸子歌、昭36）である。

匂いやさしい白百合の／濡れているよなあのひとみ／

…宵のともしびともすころ／こころほのかな初恋を／

…想い出すのは想い出すのは／北上河原の星の夜

初恋の人は早く逝き、少年は「君の面影、胸に秘め」て生きていこうとする。この純情な恋物語が今もなお心の琴線に響いて歌い継がれている。初恋の思いはいつまでも心の中に残り、しめやかに燃え続ける力の残り火となる。

初恋は青春の歌の題材になりやすく、舟木一夫も時期は遅いが、昭和四十六年に島崎藤村の『若菜集』（明30）所収の「初恋」を歌っていた（後述）。

初恋があれば、失恋がある。前出の「学生時代」（昭39）では、はかない終わりを歌う。胸の中に秘めていた恋への憧れは／いつもはかなく破れて／一人書いた日記

このように、初恋と失恋は紙の表と裏のように一体となって重なっていく。

「たそがれは君の匂い」（南沢純三詞、西郷輝彦歌、昭41）と「星のフラメンコ」（浜口庫《くら》之助詞、西郷輝彦歌、昭41）は、それぞれ恋の思いを温めている。

日暮れの風は愁いひめた／君の髪の匂いだよ／好きなくせに言えなかった／遠い初恋はあかね雲／色も淋しくうすれ行く／
…別れた君をはるかしのぶ／ぼくの胸に陽は沈む

好きなんだけど／離れてるのさ／…だまってるのさ／大事な宝／かくすように
君は僕の心の星／君は僕の宝…

言葉にして打ち明けると「心の星」がこぼれ落ちてしまう。じっと隠し、秘めて、その思いを温めるよりほかないものである。

しかし、いつまでも悲しみに沈んでばかりいられない。「わたしの城下町」（安井かずみ詞、小柳ルミ子歌、昭46）はそれを乗り超えて、奮い立たせるように生きていこうとする。

好きだとも言えずに／歩く川のほとり

往きかう人に／なぜか目をふせながら／心は燃えてゆく／

…ゆらゆらゆれる／初恋のもどかしさ／気まずく別れたの

この燃える心を持ち続ける限り、新しい人生を目指して若者は歩いていける。明治の文学者、北村透谷は「恋愛は人世の秘鑰《ひやく》（注、秘密を解く鍵）なり、恋愛ありて後《のち》、人世あり」と言う。「初恋のもどかしさ」はいつになっても無器用に繰り返す青年の通過儀礼である。

「北国の春」（いではく詞、千昌夫歌、昭52）は変わることのない恋心を秘めている。

好きだとおたがいに言いだせないまま／別れてもう五年　あの子はどうしてる／

あの故郷《ふるさと》へ　帰ろかな帰ろかな

この歌は故郷に結び付き、心の明るい安らかさが漂うが、次の歌はどうだろうか。

さよならが言えないで　どこまでも歩いたね

…みつめたら泣いていた　いとおしい君だった

悲しみをこらえてる　傷ついた若い恋

また会う時は　大人になっているだろう…

（「マークⅡ」、吉田拓郎詞・歌、昭48）

「はな（離）したくないのに　冷たいこの世界」はやはりちぐはぐで、もどかしい。大人になりきれず、少年少女の恋のままにむなしく過ぎていく。「年老いた」後になって、「川《かわ》面《も》を見つめて時の流れを知る」だろうという予感さえしてくる。恋の喜びと切なさはまさに表裏一体のものとして、人生を形づくっていく。

このように幼いままの美しき迷いを経て、人は学び、大きくなっていく。こと恋愛に関しては先人に学んで成長、改善していくことはできまい。萬葉集以来、恋の痛みは時を経ても同じように繰り返されていくものである。

さて、このような恋は愛とどう違うのか。珍しくそのことに触れた歌謡曲があり、この節のまとめとして紹介しよう。

「真夜中のドア」（三浦徳子詞、松原みき歌、昭54）で、「恋と愛とは違うものだよ」と言うが、その中身は表されていない。

この両者の違いについて、「恋愛症候群」（さだまさし詞・歌、昭60）が詳しく説く。

恋は一種のアレルギー…恋に落ちたら…男は男らしく女は女っぽくなる…
相性占いなど気になったら　もう恋
処《ところ》が一年二年とたつうち見えてくるんですよ　恋とは誤解と錯覚との闘い…
相手に求め続けてゆくものが恋　奪うのが恋
与え続けてゆくものが愛　変わらぬ愛
だからありったけの思いを　あなたに投げ続けられたらそれだけでいい…

あなたに出会えて　心からしあわせです

この恋と愛との違いはごく常識的であるが、さだまさしの絶妙な弾き語りによって歌われるところがみそである。聴き手はそれぞれの心の中で感じ取ればいいであろう。

(二)　上級生への思慕

共学の学園生活において、男女生徒それぞれに異性への恋ごころが芽生えるのに対して、とりわけ女子学園ではどのような様相を表すか。それは『女学校と女学生』（稲垣恭子著）に示されているように、上級生と下級生との間に見られる姉妹に相似た親密な関係である。これは同級生どうし、また、女性教師と女学生との間柄にも見られることであった。大正時代には吉屋信子の『花物語』、昭和十年代には川端康成（中里恒子による下書き）の『乙女の港』『花日記』などの小説に描かれ、少女たちが熱中して読んだ。この同性愛的な感情が前出の「学生時代」に回想されていた。

その美しい横顔、姉のように慕い／いつまでもかわらずにと願った幸せ

相手を「お姉様」と呼び、互いにエス（S。Sister の略）と言われた関係は擬似的な恋愛関係を成し、乙女の一時期の、夢と理想を求める感情を育成し、将来の人格的な関わり合いを形づくる基底となったと肯定的に見るべきものである。「讃美歌を歌いながら清い死

を夢見た」と歌うように、若い時代の一時期、清純なものに憧れ、清明な心情世界に生き、清澄な情緒を育むことは大切なことである。

(三)　教師への敬慕

このように美《うる》わしく清らかな理想像への憧れと望みが教師に対して向けられていくことは極めて自然な感情の流れである。そうしてその思いがいつの間にか「師の君」への恋ごころに醸成されていく。その素直な敬意と慕情を中学二年生が歌い、今なお親しまれているのが「せんせい」（阿久悠詞、森昌子歌、昭47）である。

淡い初恋消えた日は／雨がしとしと降っていた…おさない私が胸こがし／
慕いつづけたひとの名は／…誰にも言えない悲しみに／胸を痛めた人の名は／
…恋する心の幸せを／そっと教えた人の名は／せんせい、せんせい、それはせんせい

学校という制度の枠と限られた年数の中で、学級王国ともいわれる閉鎖的でもある独自の世界において、教師と生徒という立場で師弟関係を保ちつつ、尊敬と信頼による交流を通して、この歌のような恋愛感情に相似た心の通い合いに高められることを一概に否定することはできないであろう。

このことは昔の女学校でもあったが、卒業後、互いに離れることによって、自然に消滅

していった。それでも若い時代だからこそ生まれる感情であり、大人になって振り返った時、快い良き思い出に包まれ、慈悲と恩愛の情に温かく昇華されていくであろう。

この歌に続いて、男子生徒から女性教師への思いを歌う「個人授業」（阿久悠詞、フィンガー5歌、昭48）が出た。

叱られていてもぼくは／なぜかうっとりしてしまう／
…授業をしている時も／ぼくはただ見つめてるだけ／
…しゃれてきこなしてるひとよ／けっこうなグラマーなことも／
…ちらちらまぶたにうかび／とても勉強など駄目さ／
…あなたはせんせい　せんせい

中高生の男の子であればこれに似たような、ほろ苦く甘いひとときがあるのではないか。若い人々のこのような恋慕と崇敬の気持ちが、いずれ自己の奥深い情緒の育成と、人を思いやる心情の培養に繋がっていくであろう。

「卒業写真」（荒井由実〈現姓、松任谷《まつとうや》〉詞・歌、昭50）に出てくる「あの人」「あなた」がどういう人かが話題になった。

卒業写真のあの人は／やさしい目をしてる／町でみかけたとき／何も言えなかった／
…あの頃の生き方を／あなたは忘れないで／…あなたはときどき／遠くでしかって
あなたは私の／青春そのもの

この呼びかけられている相手は同性の女子生徒であろうか、女教師であろうか。どちらに解釈しても成り立つ。あるいは、どちらの立場にも共通する資質と人格を備えている。同級生への思い慕う心と教師への敬い慕う心との区別さえもない、共通のほのぼのした温かい感情に入っていく。歌う時の気分によって、どちらに変わってもよいと言えよう。

このようなほのかな慕情こそ青春時代のひたむきな、まっすぐな心の在り方を示し、健全で人間性豊かな情愛を培ってくれるのである。

このように考えた後に、この歌のモデルになる教師がいたことが判明した（『週刊現代』、令2・3・14、後述）。それによると、ユーミンこと荒井の高校時代の先生で、厳しかったが生徒思いの「女性の体育教師」がいたと後輩が解説する。荒井自身は次のように語る。

あの歌は、一言では表現できません。学生時代の友達や恩師との思い出や忘れられない恋。当時、私を形作っていたいろいろな記憶をちりばめて作ったんです。

ここに文学の本質が明瞭に示されている。詩歌・小説を問わず文学は現実、事実そのままの表現、描写ではない。実際にあったこと、経験したことはあくまで素材であって、それを虚構や想像を交えて文学世界に取り込んで、創作していく。経験やその現場はもはや問題ではなく、あり得べき、あるはずの真実の心の世界なのである。

この歌は作者が自らの体験をもとにして創りあげた理想の心情の世界であり、友達や先輩、教師が一点に凝縮されて造型された憧れの人である。心の中にあって今なお見守り、導いてくれる人である。歌う者は男女どちらでもよい、教師や先輩を思い浮かべればよい。主人公は卒業後、「人ごみに流されて変わってゆく私」であり、町でふとその先生を見かけても気後れして名乗ることができなかった。それでも「ときどき遠くでしかって」と甘えて頼る。その意味で「あなたは私の青春そのもの」と言えるのであり、いつかは大人になって成長した姿を見せることができる。これは師弟の理想の在り方である。この歌が今も親しまれ、歌い継がれる魅力と深みは、まさに真剣に迷い続ける青春の道を示しているからであろう。

しかし、時移り、現代の若者は恋愛そのものに関心や意欲がないと言われている。人間関係を築き合うことを避け、自分の世界に閉じ籠る。恋愛は面倒くさくて、振られることを先に心配する。「気絶するほど悩ましい」（阿久悠詞、Ｃｈａｒ歌、昭52）で「うまく行く恋なんて恋じゃない」と諭されたら、やめておこうとなる。

今の若者は実利や成果が第一で、恋愛小説の真実の内面世界とは無縁に生きている。初恋の歌どころか、青春歌謡そのものがこれからも歌い続けられるであろうか、とも案じられてくるほどである。

第二章　文芸世界を彩る青春歌謡

一　作曲された抒情詩歌

(一)　島崎藤村

(1)「椰子の実」

名も知らぬ遠き島より　流れ寄る椰子の実一つ
故郷《ふるさと》の岸を離れて　汝《なれ》はそも（注、それにしても）波に幾月…

昭和十年代、東京・大阪各中央放送局（現在の日本放送協会）で放送中であった「国民歌謡」は有名な詩人の詩が選ばれ、優れた作曲家によって曲がつけられた。同十一年七月に島崎藤村の「椰子の実」（『落梅集』、明34）が選ばれ、藤村詩が作曲された最初となり、今なお親しまれている。

作曲は大中寅二で、まず東海林《しょうじ》太郎が歌い、十三年に東京音楽学校合唱団、十六年に斎田愛子が続き、三十八年に西田佐知子が継いだ。現在に至っても心に沁《し》む旅の抒情歌として生命を保っている。「孤身《ひとりみ》の浮寝《うきね》の旅」を続け、「流離《りゅうり》の憂《うれい》」に沈む青年が孤独をかみしめ、旅愁に浸る心情が共感を呼んだ。この「旅」は人生の生きてゆく道であり、青春とはその行路を切り拓いていくのである。

この国民歌謡はこの前月に始まり、その第二回に藤村詩の「朝（労働雑詠）」（『落梅集』）が選定されていた。青春は歌っていないが、当時の国民感情を知るために一部引用する。

朝はふたゝびこゝにあり／朝はわれらと共にあり
埋れよ眠《ねむり》、行けよ夢／隠れよ、さらば小夜嵐
野に出でよ野に出でよ／稲の穂は黄にみのりたり…

この「朝」と「椰子の実」とを併せて楽譜付きで『国民歌謡三』として同年十一月に刊行された。文学の及ぼす作用の力を感じる。

(2)「千曲川旅情の歌」

小諸なる古城のほとり　雲白く遊子悲しむ
緑なす繁縷《はこべ》は萌えず　若草も藉《し》くによしなし…

孤独、悲愁、憂悶に沈み、旅に出て、自らの生き方を探り求めようとする、抒情的で感傷的な青年の心情を歌い、日本人の国民感情に合い、長く愛誦《あいしょう》されてきた。この「千曲川旅情の歌」（『落梅集』、明34）が大正十四年に至り、弘田龍太郎によって作曲された。これが後にまで歌い続けられることになる。

以下、記録としてその後の経過を詳しく書き留める。まず、昭和四年に柴田秀子が「千曲川旅情の歌」、同九年に萩野綾子が「小諸なる古城のほとり」、続いて十六年にソプラノ歌手の加古三枝子が同じ題で歌った。

戦後になって時代が変わっても日本人の心情に響くものがあり、加古が二十一年に「千曲川…」の題で再登場し、二十八年に島田盤也、四十年にアイ・ジョージが同じ題で続く。そして、岡本敦郎が四十七年に「小諸なる…」の題で引き継いだ。

岡本は「あこがれの郵便馬車」（昭26）、「高原列車は行く」（昭29）を歌い、これらは明るく軽やかな詩調であるが、藤村詩は落ち着いた荘重な感情の曲調で、この詩の若者の憂いある旅情、旅愁に合っている。

(3)　「惜別の歌」

とほきわかれに　たへかねて／このたかどのに　のぼるかな
かなしむなかれわがあねよ／たびのころもを　とゝのへよ…

この歌の成立・普及過程に三段階がある。今のうちに記録しなければ将来、分からなくなるので詳しく記しておく。

1、昭和十九年、中央大学予科生、藤江英輔が学徒動員で板橋の陸軍造兵廠にいた時に、埼玉へ工場が疎開することになった。同じところで働いていた東京女子高等師範学校（現、お茶の水女子大学）の生徒が別れを悲しんで、惜別の情を込めて姉妹の別れを歌う藤村詩「高楼《たかどの》」（『若菜集』、明30）を贈った。ギターが得意な藤江は、学徒出陣で戦地に赴く学友を送る「惜別の歌」として作曲し、初めの三節を選んで仲間とともに歌っていた。これは友人、井上栄介の語りである（喜早哲《きそうてつ》〈ダークダックス〉『日本の抒情歌』、昭58）。戦時中であっても、というより、であるからこそ、このような爽やかで温かい心の通い合いがあったのである。

2、昭和三十年頃からこの歌が歌声喫茶で「惜別の歌」の題で、再び歌われ始め、翌年にコロムビアから委託盤として制作、発売された。独唱は田口駿、中央大学男声合唱団。伴奏は中央大学音楽研究会管弦楽団である（青春歌謡研究家の岩田義史氏の調査による）。

3、昭和三十七年、小林旭が女声コーラス付きで「惜別の唄」の題で歌い（曲は1の藤江と同じもの）、同時に日活映画「惜別の歌」で小林が主演して主題歌となり、広く世に知られていった。

4、この原詩では「かなしむなかれ　わがあねよ」とあるが、歌では「姉」ではなく、「友」と歌う。これは藤江が改めたものである（このことは島崎家の諒解を得ている）。藤村詩は嫁ぎゆく姉と、見送る妹との唱和であるので、適切な改作である。

なお、小林はこのレコードのA面で旧満州の最後の官立高校である旅順高校の準寮歌

「北帰行」（宇田博詞、昭16）を歌った。この歌は、三十五年ごろから当時のリバイバル・ブームに乗り、静かに歌われていたが、一気に復活した。青年の孤愁と苦渋が「北」に向かって、憧れゆく旅情と一体となり、日本人の心の琴線を揺り動かす。

また、「惜別の歌」は、この年にダークダックスのほかに大橋節夫とハニー・アイランダースとが共に歌った。曲はやはり藤江のもので、美しい言葉をちりばめ、日本人好みの哀調を帯びた曲調が心に入っていく。

(4)「初恋」

まだあげ初《そ》めし前髪の　林檎《りんご》のもとにみえしとき
前にさしたる花櫛《はなぐし》の　花ある君と思ひけり…

この「初恋」（『若菜集』、明30）の詩が初めて作曲され、歌われた時期や事情について諸書により異同があるので、ここで資料に基づいて正確に記す（ふるさと友の会の菊池重三郎『木曽馬籠』、昭52。また、藤村記念館の教示、令2・6・5付）。

昭和二十二年十一月、馬籠宿の青壮年の勤労奉仕により藤村の生家跡に藤村記念堂が建てられた。その落成記念式典で大中寅二が作曲した「初恋」が発表され、声楽家（アルト）の内田るり子が独唱した。この第二部の祝賀会では参加者全員に歌唱指導の後、合唱された。この時に大中が先に作曲した「椰子の実」が畑中良輔の独唱、地元の小学生と女子青年による合唱も行われた。ちなみに、同二十七年に藤村文庫（展示室）が完成して藤村記念館となり、落成式も行われたが、「初恋」はその五年前に既に歌われていた。このように地元の人々が郷土の詩人を仰ぐ熱誠は貴重なことである。

この十六年後、小林旭が「惜別の唄」の翌年、「初恋」（若松甲曲、昭38）をハニー・ナイツのコーラス付きで歌った。三篇の藤村詩が昭和三十年代に次々と生き返り、あるいは新曲で歌われるようになったのは、日本の復興による世情と心情の安定が基盤にあった。さらに、この「初恋」と同年に舟木一夫が「高校三年生」を明るく歌い始め、この二曲が相俟って増幅され、青春歌謡がいよいよ盛り上がっていった。

その舟木が遅まきながら同四十六年に「初恋」を敗戦直後の大中の曲で歌った。この調べは静かにゆったりと、また、感情を抑えたしんみりした印象で、思春期から青春期への懐旧の情をもたらした。この歌い方は「絶唱」（西条八十詞、昭41）にも引き継がれ、同名の日活映画（小林旭、浅丘ルリ子主演）の主題歌ともなった。

愛《いと》おしい　山鳩は／山こえて　どこの空／名さえはかない／淡雪の娘《こ》よ／
なぜ死んだ　ああ　小雪

幸薄き亡き若妻を偲《しの》ぶ挽歌《ばんか》で、「とこしえの…小雪」に「空《むな》し」く呼びかける。青春とはかくなる、はかなきものであった。

㈡　三木露風「ふるさとの」

ふるさとの／小野の木立に／笛の音の／うるむ月夜や。
少女子《をとめご》は／熱きこゝろに／そをば聞き／涙ながしき…。

三木露風の詩「ふるさとの」（『廃園』、明42）を、大正五年に斉藤佳三《かぞう》が作曲し、その時の歌手は不明であるが、昭和に入って、十二年にダン道子、十四年に木下保、十八年に三浦環と続き、戦後も、二十二年に上田耐之、同二十八年に木下保が歌ってきた。少年時代の、恋とも言えない、「少女子」の「熱きこゝろ」は「十年経《ととせ》」た今なお遠く隔たって「母となりても」、かつての少年のままの胸に迫ってくる。純情な感傷に沁み入る過ぎ去った時への追想である。

ちなみに、西条八十の詩に「夕笛」（昭42）があり、やはり舟木一夫が静やかに歌った。

ふるさとの　蒼い月夜に／ながれくる　笛の音きいて／
きみ泣けば　わたしも泣いた／初恋の　ゆめのふるさと
おさげ髪　きみは十三／…おもいでは　花のよこがお

ふるさとへ　いつの日かえる／…月の夜を　ながれる笛に／
きみ泣くや　妻となりても

これを読めば露風の詩を下敷にしていることが分かる。第一・三節は言葉遣いも発想も同じで、第二節が西条の創作であっても、半分、盗作と言われかねない。結びは露風作は「十年経ぬ、／おなじ心に／君泣くや／母となりても」である。この方が言葉を少なくして引き締めつつ、余情が漂い、深くて豊かな哀情が込められている。

なお、この詩の重要な語句は「おなじ心」である。これは萬葉集、源氏物語、徒然草などに使われてきたが、ここでは次の歌を掲げる（拾遺和歌集、十三、恋三。寛弘年代、十一世紀初め）。

恋しさはおなじ心にあらずとも今夜《こよひ》の月を君見ざらめや

二人の思いの深さは同じではなくても、きっと私と同じように美しい月を眺めているであろうと「もののあはれ」を共にすることだけで心満ちると伝えた。露風は初恋の人と今なお心を共にしていると、信じ、夢見ているのである。

西条八十はこの露風の「ふるさとの」の詩がよほど気に入っていたのか、舟木の歌った「夕笛」より三十年以上も前、昭和八年に同じ発想と心情による「君泣けば」の詩を作り、渡辺光子が歌っていた。

君泣けばわれも泣きにし

故郷《ふるさと》の小野の木立よ
ああ、若き日の夢の春の夜《よ》

別れじと君の誓へば
離れじと抱《いだ》きぬ
ああ、黒髪の夢の春の夜

ながれゆく命、はかなし
なつかしき声は残れど
ああ、ひとり見る小野の夕月

原詩では少女だけが泣くが、ここは少年も泣く。第三節で回想する情が薄く、「ああ」の繰り返しが浮いている。原詩が「十年」「おなじ心」「母」の中心語を要所に置く、含蓄のある深い心情に及ばない。詩人として新しい詩想で創作に向かった方がよかった。

㈢　石川啄木「東海の」

東海の小島の磯の白砂《しらすな》に

われ泣きぬれて
蟹《かに》とたはむる

啄木の第一歌集『一握の砂』（明43）の第一章「我を愛する歌」冒頭の一首で、いわば巻頭歌に位置づけられる。昭和三年に清瀬保二が作曲したという説があるが（未確認）、同十二年に井上定吉が作曲し、藤原義江が歌ったものがレコード化された。

自己陶酔というより、自己を憐れみ、愛惜する自己愛に沈み込んでいる。故郷を出て、北海道から東京へと漂泊の身であった。青年時代特有の、煩悶と格闘して、孤独と感傷の中で、自己に直面して生き方を摸索する。「蟹とたはむる」は実際の経験と考えなくてもよい。自我、個性、感情、思想、文学など、自身の人生、生き方に迷いつつ、悩んでいる。とは言え、精神的態度は弱々しく、理想への気力、意欲が感じられず、青年の行路の半面でしかない。啄木の作品が現代の若者にどう受け止められているかということにもなる。

㈣　若山牧水「白鳥は」

白鳥《しらとり》はかなしからずや空の青海のあをにも染まずただよふ

昭和二十一年に連続放送劇「音楽五人男」のために古関裕而が、その挿入歌として牧水の短歌「白鳥は」（『海の声』、明40）を作曲して、翌年、藤山一郎と松田トシが歌い、映画化、レコード化された。

真っ青な空、深く青い海の色に染まることなく、ただ一羽の白い鳥が静かに泳いでいる。周りに同調せず、自分だけが純白のまま悠然としている、その孤高で凛然《りんぜん》とした姿に感動し、孤独で我が道を行こうとする我が身を重ねた。この孤独は孤立ではない。自立して自主・自敬の心構えで歩もうとする尊厳な生き方である。

なお、この歌のレコードには前掲の「幾山河」の歌と、「いざ行《ゆ》かむ行《ゆ》きてまだ見ぬ山を見むこのさびしさに君は耐ふるや」（『独り歌へる』、明43）の歌が含まれている。自己を見つめ、孤独の旅を生き続ける、この生き方が自己の人生を成り立たせているのである。

以上の詩歌と歌謡は青春・青年の生き方・心情を歌っているが、厳密には本書で言う「青春歌謡」ではない。これは青年の心を歌う詩歌そのものを作曲した、「文芸映画」に対して言うならば青春的な文芸の歌謡という意味で、「文芸歌謡」であり、主題は青春であるので、「青春文芸歌謡」とする。

この文芸歌謡は流行歌、歌謡曲であって、当時の人々が「青春」なるものをどのように受け止めていたか不明であるが、青春の独自の価値を言い定めるには至っていなかった。ただ、昭和三十年代後半、青春歌謡が華々しく世に出て、熱烈に迎えられる動きを導く土壌を培う大地を作ったことは確かであった。

その十分な意義を認識して、青春歌謡に続くように文学作品に材料を得て、作詞、作曲された歌謡曲を次に取り上げよう。

二　思春期・青春期を描いた小説

㈠　石坂洋次郎『青い山脈』

この小説は昭和二十二年に新聞に連載され、同年に単行本を刊行し、東宝映画の主題歌まで作られたが、上映はその二年後であった。歌は西条八十が作詞し、藤山一郎と奈良光枝が朗らかに歌い合った。

若く明るい　歌声に／雪崩《なだれ》は消える　花も咲く／青い山脈　雪割桜／
空のはて／今日もわれらの　夢を呼ぶ

小説は敗戦後の解放された青春を明るく軽妙に描いたものである。地方の高等女学校が舞台で、学校生活の清新な自由を求める教師・生徒と、過去の規制や因習にとらわれる管理職や町の有力者との、新旧思想の対立が主題である。健全で明朗な社会の確立を目指そうとするところに青年の生き方を見いだしていく。

戦後の価値観の転換に沿うようにこの歌は新風を呼び、人気を博した。爾来《じらい》、七十年、今も懐かしのメロディーとして元気と希望を与える国民歌並みに親しまれている。

この映画の挿入歌が「恋のアマリリス」（西条八十詞、二葉あき子歌、昭24）であった。各節の初めの部分を記しておくが、原詩の第二節「すがた凜々しい　白線の　君と会う日の　うれしさは…」が省かれ、主題が曖昧になった。

赤い花びら　アマリリス／…私の胸にも　春風吹いて／
ひらいたつぼみのああ恋の花

姉と呼びたき　師の君も／悩み給うか　恋の夜は…

荒い浪潮《なみじ》（原詩は「波路」）に　帆をあげた／歌も淋しい　乙女舟…

青春生活の心情を中心とした主題歌と違って男子生徒への思いは削除されたが、女性教師を慕う気持ちに漂いつつ、「睫毛《まつげ》に…涙湧く」「乙女舟」を歌う。

(二)　川端康成『伊豆の踊子』

○美空ひばり（「伊豆の踊り子」、木下忠司詞、昭29。映画化）

次に述べる三浦洸一の「踊子」以前にそれほど記憶されていないが、実は戦後の復興期に初めて美空ひばりが歌い、松竹映画にも主演していた。

三宅出るとき　誰か来て泣いた／石のよな手で　親さまが／まめで暮らせと　ほろほろ泣いた／椿ほろほろ　散っていた…おらが親さま　離れていても／今度逢うときゃ花も咲く

踊り子の出身は伊豆大島であるが、その南の三宅島に設定し、学生への心情は描かれず、旅芸人の故郷に残る母親への思いを歌う。原作の主題からはずれているが、映画のポスターの「椿の花は咲いたけど、なぜに咲かない恋の花」の言葉が哀切に沁みてくる。

この後、三浦洸一（昭32）を挟んで、『伊豆の踊り子』の題で野村雪子（牧喜代司詞、昭28）と朝丘雪路（長田幹彦詞、昭37）が続き、文芸歌謡への一定の関心が保たれていた。

○三浦洸一（「踊子」、喜志邦三詞、昭32）

小説『伊豆の踊子』（昭2）が初めて歌謡界で歌われて三年、三たび登場して、題名は単に「踊子」、これが主題歌となった映画化は昭和三十五年（主演は鰐淵晴子）であった。文芸歌謡としては早い時期であるが、一般的な流行歌として広く親しまれた。青春歌謡が登場するにはまだ時間を要し、青春とは特に意識されなかったが、その先駆けの意義がある。

さよならも　言えず　泣いている《ママ》／私の踊子よ。…ああ《ママ》　船が出る／

…伊豆の旅よ　さようなら…

いきなり別れの場面から始まり、以下、「赤い袖、細い指、ちさな櫛」が描かれ、再び別れとなる。旅に出ている旧制高校生の目から見た踊子の姿を歌うが、心情そのものは表していない。この「ちさな櫛」は歌集によっては「小さな櫛」とある。「ちいさな」が自然だろうが、「ちぃさな」と、心持ち「い」を短く低く歌えば、踊子の少女性を印象付けることができよう。中心は「私の踊子」であり、この「の」に意味がある。「私と踊子」のように並列せず、私の心の中にある、私にとっての、私である、といった意味を持つ指定の助動詞（時枝文法）である。この感情の籠る含みがこの歌を抒情歌らしくしている。

このような流れを経て、青春歌謡らしい新曲が次々と競い合い、映画にも上映され、世間は「伊豆の踊り子」ブームに沸き立った。

1、吉永小百合（「伊豆の踊子」、佐伯孝夫詞、昭38。映画化）

教えられたか、覚えたか／悲しい淋しい　この旅心／別れ港の　下田の鷗／
さよなら明日《あした》、言えるやら／花もつぼみの　紅椿

この歌は踊子を主人公にして歌う。「旅心」を味わうには大人から「教えられたか」、自ら自然に「覚えたか」、まして、別れの言葉を言えるかどうか。覚束《おぼつか》ないほど幼くて、椿《つばき》のつぼみのような小さな口紅が濡れていて、先の「ちさな櫛」と響き合う。青春というより、その手前の思春期の感情を打ち明ける。

2、梶光夫（「伊豆の踊り子」、館入保志子詞、昭41）

…下田港を　船が出る／あゝ僕の可愛い　踊り子よ／
遠く小さく　手をふる君の／赤い袂が　ただつらい
…伊豆の湯宿で　ふと知り逢うた／君はさみしい　旅の花

先の三浦洸一の「踊子」の影響を受けて「僕の可愛い踊り子よ」と親近感を込め、「花」と言っても「さみし」く咲いた、その時限りの「旅の花」である。主題は「別れ」にあり、言葉と心の通い合いもなく、はかないひとときであった。

言葉は一応、美しく列《つら》ねているが、先行歌の二番煎じ、悪く言えば摸倣のそしりを免れない。「可愛い」と新しく付け加えても、「つらい、さみしい」とともに主観的な感情表現は上すべりになる。聴く者の心にそのように感じさせることが重要である。雑誌『平凡』の懸賞当選作で、作詞者はいわゆる詩人ではなかったか。

3、高田美和（「旅の踊り子」、藤田圭雄《たまお》詞、昭41）

…雨の天城の峠の　峠の茶屋で／紺のかすりに学生かばん／
あゝいい人だ　あゝいい人だ／いい人はいいね

踊り子が学生の印象を口にした「いい人はいいね」は有名な台詞《せりふ》として知られる。川端独自の、また国語らしい表現で、これを作詞者が取り上げたのは良い着眼である。

ただ、「いい人」を三回も繰り返し、「峠」の二回を併せて、あまりにもくどくて無駄で、余情がなく引き締まりに欠ける。作詞者は専門家であるが、意図が強く出過ぎて、言い過ぎである。聴き手の受け止める余地を残さねばならない。

4、山口百恵（「伊豆の踊子」、千家《せんけ》和也詞、昭49。映画化）

恋と呼ぶには　まだ幼さが／残る黒髪　薄化粧／
可愛い踊子　小首をかしげ／笑う眼もとの　恥ずかしさ
舟は出てゆく　下田の浜を／またの逢う日は　来るのやら／
…こぼす涙も　紅の色

踊子の心をその仕草から描くのが中心である。その描き方は細かくて独自性があるが、四節すべてに「可愛い踊子」を重ねたのは残念である。「可愛い」と言わなくても十分に具体的な表現で言えている。繰り返すが、読者や聴き手がその表現から心に思い描かせるのが文学的な表現なのである。

以上、どの歌も二人の心の交流は歌われず、一方的な思いにとどまっている。それは、原作の伊豆の旅そのものがそのようなもので、旧制高校生の鬱屈してゆがんだ心を癒やす旅路であった。青春歌謡としては、青春の孤独に沈む心に一瞬、灯《とも》った恋への芽生えに絞って作詞すればよかったかと思われる。

なお、これは作曲された最後の歌で、五年ぶりに青春映画の復活が期せられた。山口百恵を起用して、主題歌も山口が歌ったが、「冬の色」のB面であった。青春歌謡の全盛期以来十年余り、もはやその時代にも翳りが出てきたのである。

㈢　田山花袋『田舎教師』

花袋は小説『田舎教師』（明42）で、村で小学校の代用教員を務める青年が日露戦争の最中、病弱の身で日々を過ごしながら、青春の孤独と絶望に落ち入っていく心情を描いた。華やかさに欠けるが、これも青春時代の一面である。

雲に語ろう　眉あげて／愛と理想を　あの雲に…
野の果ての…／咲いて散る／草にうもれた教師でも
風に流そう　思い出の／消えぬおもかげ　黒髪も…
…病めばさみしや　細る手に／かける希望の　はかなくて／
白い白墨《チョーク》の　散るばかり

（中山淳太郎詞、守屋浩歌、昭38）

青春とは明るく清らかなるものとして楽しむだけでなく、このように暗く「さみしや」と歎く、両面があることを知らねばならない。

㈣　樋口一葉『たけくらべ』

一葉の『たけくらべ』（明28）は、子供たちが学校や町で過ごす生活を通して、とりわけ二人の少年少女が淡い恋心を抱きながら、いつもちぐはぐで、もどかしくて口もきけないままそれぞれの道を歩み、大人の世界に入っていく。丈《たけ》を比べるように成長していく姿に託されて、心に沁み入るような、はかなく悲しい、青春期には早い思春期の心の揺れが「たけくらべの歌」として静かに歌われた。

…昔はいまに　かえらない／それでも背のびを　しあった子…
…ちりぢりみんな　離れても／あの日の夢はこの胸に／淋しいことのみ多ければ…
…心を許す　人恋し／仲よしあの子は　いまいずこ

（丘灯至夫詞、二代目コロムビア・ローズ歌、昭39）

この歌は第三者の立場で歌うが、次の「たけくらべ」は主人公の少女になりきる。

…遠く離れる　君想う／格子の間より　みかけた姿／幼き夢の　たけくらべ
鼻緒をすげる　君の背に／わびしく雨は　降りそそぐ…／
…おはぐろ川に　ともしび紅く／消えゆく恋の　たけくらべ

（大矢弘子詞、高田美和歌、昭41）

原作を歌謡曲に再現し、二人の出会いは「幼き夢」であり、「消えゆく恋」であった。それでも、少年少女期の初恋は胸底に秘めて、至純至情の、至宝の灯として温めて生きるだけで十分に意味がある。別れてこそ真に出会うのである。

㈤　高村光太郎『智恵子抄』

この歌を取り上げる前に、作者に関わる別の歌謡について述べよう。
青森県十和田湖の御前ヶ浜に「乙女の像」（銅像の台座には「みちのく」）が立っている。これは高村光太郎の最後の作品（昭和二十八年）で、向き合う二人の女性は夫人の智恵子をイメージして作られたと言われる。この建立を祝して、佐藤春夫が「湖畔の乙女」の詩を作った。

　天降《あまくだ》りしか　水沫凝《みなわこ》りしか　あはれいみじき　湖畔の乙女
　ふたりむかひて何をか語る
　花かもみぢか　水の清らか　はたやいみじき　久遠《くおん》の身をか
　あらずみたりの　ゆかしき人を

ここで「みたりの　ゆかしき人を」「語る」の意味が、このままではわけが分からない。この乙女像の台座に碑の由来を記した文章があり、それによると、十和田開発の功労者三氏の業績を顕彰するとして、大町桂月（十和田湖の風光を紀行文として発表）と県知事、十和田村長の名が挙げられている。このようにして、昭和三十九年に長谷川芳美の作曲により、本間千代子（男声合唱団付）が歌った。なお、これは昭和十七年の同名の歌謡曲（西条八十詞、菊池章子歌、昭18。松竹映画）とは全く別物である。

さて、この高村光太郎が狂気の末に亡くなった妻を回想して追慕する詩文集『智恵子抄』（昭16）に取材した歌謡曲が二篇作られた。一つは題も「智恵子抄」。

東京の空、灰色の空／ほんとうの空が見たいと云う…
千代紙がすき　折鶴が好き／故郷の空へ　飛ばすという…
真ごころの花　純情の花／散らない花が　欲しいという…
（丘灯至夫詞、二代目コロムビア・ローズ歌、昭39）

そのような智恵子の「声が、夢が、姿が」「安達《あだた》太良の山に今日も」、「きこえる、はゞたく、生きてる」のであった。

翌年には「智恵子のふるさと」。

折鶴に願いをこめて／あどけなく歌った智恵子／
…今日も呼んでいる／…安達太良の　山の彼方で
…さわやかなレモンの味と／故郷を愛した智恵子／
「智恵子抄」生まれた町に／…阿武隈の　川は流れる

（同、同、昭40）

「レモンの味」は有名な詩「レモン哀歌」と重なり、「もとの智恵子となり」、夫に「生涯の愛を一瞬にかたむけて」命終した。高村は、「彼女の純愛によって清浄にされ…救い出される事が出来た…私の精神は一にかかって彼女の存在そのものの上にあった」と同書の後書に述べる。個人への愛が普遍的な清純な愛に高められていく。青春歌謡の絶頂期に、文芸的な青春をも受容する精神の泉がそのころの人々の心に湛《たた》えられていたのである。

㈥　伊藤左千夫『野菊の墓』

十代の少年少女の清純、純情な、恋と別れを描いた小説『野菊の墓』（明39）が昭和三十年に木下恵介が監督して、「野菊の如き君なりき」という美しい題で映画化されたが、そのころはまだ青春を高らかに歌う時期には早かった。戦後の復興がようやく見え出し、心のゆとりと高鳴りをもって青春歌謡が興ってきた三十年代後半に至り、この映画の題名の言葉のこころを汲み取り、「野菊の君」と称《たた》えて歌われた。

…別れるぼくもつらいけど／見送る君のさみしい姿／あゝ野菊のごとき／君なりき…

初恋淡きふるさとは／涙の中に夕焼けのづら（注、野面）…

愛《いと》しい君は野辺の花／つめたい風に打たれても／散らずにおくれまた逢う日まで…

（「野菊の君」西沢爽詞、梶光夫歌、昭39）

二人はいとこの仲で心を寄せ合うが、少年は中学進学のため郷里を離れ、少女は大人の決めた結婚の道へ行き、やがて病死する。歌は原作を踏まえ、「野菊」を「野辺の花」と言い換え、文学的世界によって美々しく純化された。

これを受けて、昭和四十一年に大映映画「野菊のごとき君なりき」が新しく封切られた。この句は七音と五音の七五調で快く響き、同年に小説の題名「野菊の墓」をそのまま使い、第三者の立場から二人を悼む歌が新作された。

君はやさしい　野菊の花か／首をかしげて　なにを問う…／
ふたりはなぜに　美しいままに　なぜに　別れるの…
つぼみのまゝに　幸せの花は／なぜに散るのでしょう…
涙のような　小雨にぬれて／野菊の花は…あわれ淋しい…

（岩谷時子詞、梶光夫・高田美和歌、昭41）

野菊を仲立ちにした、二人の可憐《かれん》で哀切な悲恋は野菊の花そのものであり、さらに言えば野菊の花は清純な初恋の象徴で、天上に咲く華であった。

『野菊の墓』は「墓」という言葉の印象から歌に上《のぼ》せにくい。それを転換して、野菊の花をモチーフにした歌が現れた。

野菊手に　駆け寄って　夏の日は　もう陽炎《かげろう》
幸《さち》薄い生命《いのち》だけ　吐く息で　揺れるように
哀しみへと　嫁いでいく
私の瞳《め》に涙の河…あなたへの花一色《ひといろ》

（「花一色～野菊のささやき～」、松本隆詞、松田聖子歌、昭56）

あるかなきかの、はかないかげろうが不幸な運命を象徴するかのようにはかなく揺れている。哀しみの情を抑えて、心ならずも古里の初恋の人から離れゆく。私の思いを野菊に托すことしかできない。「ひといろ」の「ひとつ」に純一で一途な一念が込められている。「野菊」を「野菊のささやき」と擬人的にやさしく表したところに少女の深い心情を読み取るべきである。

(七)　石坂洋次郎『美しい暦』

石坂洋次郎が、青春小説として知られる『若い人』（昭12）の変種とも言うべき『美しい暦』（昭15）を同じく戦前に創作した。若い教師と生徒らの繰り広げる青春模様はやはり明朗で闊達《かったつ》、のびのびして、のどかである。この学校を中心とする青春群像の生活が、同じ題名で青春歌謡の開幕を告げるかのように高らかに歌われた。

あこがれもって　夢もって／うたう仲間は　若い花／ときめく胸に　願いを抱いて／
つぼんだ心　いまひらく／ああ　美しい　美しい暦はここに
…咲け咲け若い　命をもやし／生きよう今日も　また明日も…
…明るい若い　仲間は意気で／ステキな朝を　呼びまねく…

（佐伯孝夫詞、吉永小百合歌、昭38）

この「美しい暦」とは何か、登場人物の言葉を通して探り出そう。
「（女子生徒が）この後とも『美しい暦』を重ねていってくれることを願わずにはいられなかった」、「淡く稚《おさな》いものではあるけれども、そこに調和のとれた美しい生活の織物が編まれている…人は一生涯、模様の変っためいめいの織物を織りつづけ…」。
この「暦」は一日一日の時の積み重ねであり、経験し成長していく年輪である。教師や生徒との交流を通して、それぞれが切磋して「生活を豊かに活気づけ」大人へとなっていく。終章で、教師と男女生徒が一緒になってピクニックで丘に登る。主人公の女学生が「自分の肩や胸が肉づいて、女らしく少しは美しくなったというひそかな自覚」を噛みしめる場面が健康的で明るい若やかさに満ちている。
この歌は映画化され、同名の主題歌として主演の吉永小百合が歌った。その挿入歌「白い花の青春」は、青春を「白い花、青い空、赤い雲」に喩《たと》えて、理想化されている。

山並みはうすむらさきに／希望の丘よ　わが町よ／歌声高く　手を組んで／

夢は明るい　朝の道／ああ青春の　白い花…
あこがれは　ひとみの色に／故郷《こきょう》の森よ　わが友よ
たがいにかたく　手を組んで／明日は祈りの　鐘が鳴る／ああ青春の　赤い雲…
（松本栄詞、浜田光夫歌、昭38）

敗戦を挟んで二十数年後、青春の希望と憧れは時代や思潮が変わろうとも生き続けていく。いつの時代にも青春の時はあり、そうであってこそ青春であり、ここに青春たる本質があるのである。

なお、先にも言ったが、昭和二十年代から三十年代にかけて、その時代には「青春歌謡」なる言葉がなかった。ということはその観念がなかった。三十七年に至り、吉田正が作曲した「いつでも夢を」（橋幸夫・吉永小百合歌）が流行し出したころ、吉田自ら「青春歌謡」という言葉を初めて使い、自覚的・意識的に歌謡による青春の世界を創り上げていった。言葉の力が作用して、場を新しく発展させるのである。

その後、吉永は吉田作曲の歌をたくさん歌い、同時に日活の青春映画の主役として活躍し、一気に青春スターの座を占めた。吉永の清純、清楚なイメージ、明るく優しい笑顔、健気で元気に前向きに生きようとする姿勢は、まさに青春そのものが体現されていた。青春歌謡史において舟木一夫とともに吉永小百合の果たした役割は大きかった。

三　文芸歌謡から文芸青春歌謡へ

青春を描く文芸作品をもとにした歌謡の流れを、青春歌謡史においてどのように位置づけるか、ここに総括してまとめよう。

この文芸歌謡は二期に分けられ、詩歌や小説をどのように受け止めて、歌謡の世界に落とし込むかという捉え方に関わってくる。

第一期は詩歌が中心で、その作曲は大正時代に始まり、昭和十年代から島崎藤村の浪漫的な青春詩が特に人気があり、愛唱された。この傾向は敗戦後の昭和二、三十年代にも継承された。戦後の日本の復興期で経済、文化、思想面において混乱期であったけれども、藤村詩が国民の精神を浄らかに安定させるかのように歌われてきたのは日本人の貴重なころの歴史であった。

ただ、これらの歌唱は詩や短歌を作曲したもので、青春の心や思いを歌っていても、それを人生における青春の一時期と定め、そこに青春を生きる自覚や意味づけする意識がなかった。あくまで文芸が基本であり、前述の通り、文芸歌謡、詳しく言い直すと、青春的な、青春らしい文芸歌謡、端的に「青春文芸歌謡」と名づける。

このような経過を経て、昭和三十年代後半、国の復興と生活の安定が成り、いわゆる

「青春歌謡」が出現して、若い新人歌手が登場して、熱狂的に迎えられた。その風潮と流行に沿って青春文学とも言える小説、例えば『伊豆の踊子』や『美しい暦』など文芸的な作品を題材にした歌謡が映画化と連動して広がった。しかも歌手は青春歌謡を歌う若者である。となると、清純で正統的な青春歌謡並みに、その一分野として文芸的な青春歌謡として括れることになる。そこで、著者はこれを文芸としての青春歌謡、簡潔に「文芸青春歌謡」と名づけて、一時代前の文芸歌謡とも区分したのである。なお、前代は詩歌の作曲であったが、その後は小説に限られ、歌詞の表現が細密になり、分析的で、創作的、物語的とも言えるほどになった。詩歌が歌唱されなくなったのは文語表現の韻文に対する興味・関心が薄れていったのも一因であろう。

また、文芸歌謡の中心的な主題は、小説世界ということもあり、初恋・恋愛、別離・旅情、孤独・憂愁である。学校生活や友情・交流は一般的な青春歌謡の舞台であるが、それでも根底に流れる心情は青年の特性として、時代が変化しても同じように生き衝《づ》いているのである。

さらに、一、二期の流れを通して見ると、文芸的な歌謡は明治時代の作品が多い。明治は近代国家として建設していく時代で、一面、活気があり若い時代と言われる。この心情は昭和の青年にも受け継がれ、やはり日本人の国民性、国民感情が流れている。

それでは平成、令和の時代はどうなるかが重大な問題である。繰り返しになるが、青春の終焉《しゅうえん》、青春文学の不振が言われる現在、歌謡として作曲され得る作品が残るかどうかである。伝統と創造はいつの時代にも求められるのである。

四　純情青春歌謡の全盛から衰退へ

青春歌謡の誕生を今まで昭和三十八年としたが、これは突然に興ったものではなく、実は同時並行的に三十年代は若者の歌が新しく多彩に流行していた。以下、青春歌謡研究家の岩田義史氏の協力を得て略述する。

昭和三十五年前後から、「雪山讃歌」、「山男の歌」、「お丶牧場はみどり」などがダークダックスにより、また、「夏の思い出」や「エーデルワイス」などがボニージャックスにより、外国の民謡やポピュラーな歌も流行し、広く歌われ、聴く人も増えていった。学生・青年向きにこういった歌が日常生活や東京の「灯《ともしび》」をはじめとする歌声喫茶、野外活動などに溶け込み、親しまれ、明るい良き時代の始まりが感じられた。

さらに、このころテレビが普及して、「ロッテ歌のアルバム」などの歌謡番組や学園ドラマが放映され、また、雑誌の『平凡』『明星』『女学生の友』などが一般に購読され、図書館にも常備されるようになった。昭和前期から戦後十年あたりまでのラジオだけという時代と異なり、また、高校教育の普及や大学進学率の上昇傾向などによって、青春のイメージや学園生活への希望と憧れがより高まり、身近なものとなった。

一方、同三十七、八年ごろ、滝廉太郎の「荒城の月」（明34）や北原白秋の「城ケ島の雨」（大1）など歌謡曲のリバイバルブームに乗って文芸作品が歌曲として歌われ、レコードも多くなった。この流れに沿うかのように、同三十八年に舟木一夫の「高校三年生」が大流行し、青春歌謡の位置が定まったのである。

このように学校・学園を中心とする生活や意識の変化、青春歌謡の流行による青春を楽しむ意欲の熱気は、その時代の流れに適《かな》ったものである。

昭和三十四年四月の皇太子の御成婚、三十九年十月の東海道新幹線の開通と東京オリンピック大会、四十四年五月の東京－西宮間の高速道路の全通は、新しい活気ある時代の到来を告げた。政治も所得倍増と高度経済成長が目指され、生活も電化製品の普及、レジャーブームと、戦後の復興が成し遂げられた。

この基盤と背景が、青春を謳歌する機運に相乗効果をもたらしたのである。まさに、日本そのものが青春とも言えるほど元気活溌で、この風潮は同四十五年の大阪万国博覧会にまで引き続いた。

ただ、歌謡界に限定して言えば、昭和四十年代に入り、ことに四十三年以降、歌ではフォークソングやグループ・サウンズ（ＧＳ）の時代の幕開けとなった。

グループ・サウンズとは、ギターや楽器を弾きながら歌う小編成集団の音楽の総称で、リズミカルなポップス音楽や大衆的な流行音楽が中心で、若者に受け入れられ、全盛期を迎えた。しかしその後、これらのグループも分裂、合体、消滅して、中にはフォーク、あるいは独立して歌謡曲演歌、ムード歌謡へと多様に広がっていく。

この風潮の中で純情で単純明快な青春歌謡は、昭和四十年代後半にはフォークソングやグループ・サウンズに少し足跡が見られるものの、消滅していかざるを得なかった。歌はやはり時代につれて変わりゆくものである。

それでも青春歌謡は青春の活動の明るい部分だけでなく暗い心の内面までをも見いだし、五十年代に入って阿久悠の「青春時代」（昭51）が登場して、尖鋭で斬新な切り口による新天地に向かっていくことになる。

第三章　混迷・苦悩・憂愁の青春歌謡

一 「青春時代」――その本質を射る

しばしば引用してきた「学生時代」は、節の終わりに「過ぎし日よ、わたしの学生時代」「すばらしいあの頃、学生時代」と、晴れやかに讃えて歌い納めている。

確かに学生時代は世の中に出てから振り返って回想すると、価値のある、良き時代であった。しかし、これを広く青年時代、青春時代と捉え直すと、あるいはそのころの実感に立ち返って回顧すると、そのように「すばらしい」ものと手放しで言えるだろうか。今まで考察してきた青春歌謡は、明るく清らかで力強い面を取り出して青春を讃美し謳歌してきたが、それで青春の内実を言い尽くしているだろうか。

昭和五十年代に入って、この傾向に異を唱えるかのように、青春の本質を寸鉄のように鋭く捉えた歌が現れた。これが「青春時代」（阿久悠詞、森田公一とトップギャラン歌、昭51）である。

青春時代が夢なんて／あとからほのぼの想うもの／
青春時代の真ん中は／道に迷っているばかり／…胸に刺《とげ》さすことばかり

これは今まで歌謡界で誰もが言わなかった、いや、言えなかった、当時、作詞者としての名声を博していた阿久悠だからこそ言い得た名言であり、真実を抉《えぐ》るような的確な至言である。青春歌謡史を画し、その第三段階ともなる重大な青春の発見、青年像の樹立であり、新しい青春への出発であった。

青春とは活溌に活動、躍動する面もあるけれども、精神的には沈潜し、動揺し、煩悩、葛藤に苛《さいな》まれることの方が大きいのではないか。何事もちぐはぐで途惑い、もどかしく、ほろ苦く、もう二度と繰り返したくない。

このポップス調の歌は熱い共感と同感をもって世の支持を受け、この後、青春の道の見直しと新しい内面の探究へと向けられていった。「過ぎてしまえば」（同、同、昭52）は、さらに「孤独の日々」と「迷った日々」を回想する。

青春の光いつも遠くて／影ばかり近いと／時にはやけを起こしたり／
傷つけ合ったり／…あてもなく歩いてたさびしい日々も／
過ぎてしまえばみな美しい

青春が美しいというのは、その時代を過ぎてしまってから確言できることであり、その最中《さなか》に生きる者には苦痛で、憂鬱でしかない。この二つの歌を機に、青春の真の姿を探り、求める歌が次々に現れた。

「青春」（康珍化詞、近藤真彦歌、昭61）は、「夢だけを食べて…愛さえも知らず、生きてたころ」を振り返る。

錆びたナイフだね、青春てヤツは／ぶつけ場所のない、悲しいエネルギー

…折れたナイフだね、青春てヤツは／ぶつけ場所のない、悲しいエネルギー／使うあてのない、激しいエネルギー

目当ても達成感もなく、やるせない活力を持て余し、消耗していくだけの暗く、重い日々の積み重ねであった。

「青春のリグレット」（松任谷由実詞、麗美歌、昭59）は、恋人との別れを哀しく歌う。

今でもあなただけが青春のリグレット（注、後悔）…

今では痛みだけが真心のシルエット（注、影絵）

あのころの青春を今になって後悔し、その苦痛とともに当時の「真心」がまるで影絵のように映し出されて、思い返される。

アニメと同じ題名の主題歌「タッチ」（康珍化詞、岩崎良美歌、昭60）は、この挿入歌「愛がひとりぼっち」（同、後述）という題の通りの青春であった。

すれちがいやまわり道を／あと何回過ぎたら／2人はふれあうの／

…愛さなければ淋しさなんて／知らずに過ぎて行くのに／

そっと悲しみにこんにちは／…青春はね　心のあざ／

知りすぎてるあなたに／思いはからまわり

青春とは、まことに心が触れ合いそうで擦れ違って、中途半端のままに通じることのない「ためいきの花」であった。

この「悲しみよこんにちは」は、「青春」の「悲しみ」をそのまま心の中に受け入れて生きていくことである。ここで、この句の発想と展開は日本人の感情の歴史として重要なので、少し触れておく。

この表現の源流は「思い出さん今日は」（星野哲郎詞、島倉千代子歌、昭33）である。

…雨のベンチでぬれている…雨の舗道で　泣いている
思い出さん　今日は…お話ししましょ　いつまでも

女は別れた男の思い出に浸りながら心に迎え入れ、向き合って生きていこうとする。「思い出さん」と、擬人的に親しく呼びかけることができる心境に立ち直った。この発想は前年の「お月さん今晩は」（松村又一詞、藤島桓夫《たけお》歌、昭32）から「こんにちは赤ちゃん」（永六輔詞、梓みちよ歌、昭38）へと繋がる。

そうして、次の歌が現れた。

…小さな幸せ　つかんだら…悲しい思い出　捨てましょう…
小さな喜び　感じたら　さみしい思い出　捨てましょう
（「悲しみよこんにちは」千家和也詞、麻丘めぐみ歌、昭47）

もう泣かないでひとりで　ほほえんでみつめて
…悲しみにさよなら　ほほえんでさよなら…
（「悲しみにさよなら」松井五郎詞、安全地帯歌、昭60）

あなたに逢えなくなって…泣いたけど…
今度悲しみが来ても　友だち迎えるように微笑うわ…
ふいに　悲しみはやってくるけど　仲良くなってみせるわ…
（「悲しみよこんにちは」森雪之丞詞、斉藤由貴歌、昭61）

「悲しみにさよなら」と「悲しみよこんにちは」は、「悲しみ」に対して「さようなら」と訣別《けつべつ》して、改めて「こんにちは」と、快く出迎える。この感情の切り替えを、爽やかに晴れやかに歌う。こうして、これからの人生を元気よく向上的に生きていけるのである。なお、「悲しみよこんにちは」はフランスの十九歳の女性、サガンの創作した同名の小説（昭29）で、同じ年に日本でも翻訳されてから、この句が流行した。

閑話休題。「ジャックナイフの夏」（売野雅勇詞、堀ちえみ歌、昭61）は、いつまで経ってもけりがつかず、もどかしい。

若すぎて見えなかった／夏の破片《かけら》に／ごめんね、あなたひとり／
傷ついてたのね／…さびついたジャックナイフのように／
つのる想いが断ち切れなくて…あゝあの夏を　あゝ終れない

このように、「青春時代」が歌われてからは旧来のような絶対的な青春讃歌は影を潜め、青春の奥深く暗い負の面が探られ、しかもこの消極性とも見える静の特質こそが動に向かっていくエネルギーを秘めた青春の本質であると主張する。ようやく青春とは何かが、より豊かに実質的に明かされてきたのである。

二　自己を見つめ、他者と通じ合う

昭和十年に「小さな喫茶店」（瀬沼喜久雄訳詞、中野忠晴歌）という歌が流行した。「お茶とお菓子を前にして」、ラジオの歌を聴きながら「二人はただだまって、むきあっていた」。このように対面して沈黙のままであることは、実は心の中で対話していて、深い中身の籠った濃密な時間である。

一方、同十四年にミス・コロムビア（松原操）と霧島昇が「一杯のコーヒーから」（題名と歌い出し。藤浦洸詞）、「夢の花咲くこともある」「小鳥さえずる春も来る」と歌い合った。現代の状況は、少し前ならそれぞれが向き合うけれども漫画を読みながら、今ならスマホをいじりながら、に変わっている。

では、昭和四十年代半ばになると、対面はどのような内的風景を呈したであろうか。

㈠　孤独と沈黙

前出の青春テレビドラマ「おれは男だ」の挿入歌「青春の旅」（阿久悠詞、森田健作歌、昭46）は、黙って「遠い旅へ出かける」（この歌は前掲の「太陽がくれた季節」の挿入歌と同名であるが、曲は異なる)。

遠い町を訪ねた時には／…海をみつめ孤独にひたり／

つらい青春かみしめている／君はきっとわかってくれるさ

ひとり旅に出ると心は自然と内面に向かっていく。鋭く、重く思いが深まり入《い》り、広がっていく。この孤独の旅こそ自己を高め、成長させるのである。

同じく青春ドラマの「泣くな青春」の主題歌、「君は今青春」(有馬三恵子詞、グラスロード歌、昭47)でも孤独にひたって歩いて行く。

君は今風の中…その道はあてないけれど／愛もまたむなしいけれど／

唇をかみしめて／君がみる夢がある／…あの人やこの人に／出会えたり別れたり／

君は今ただ一人／君は今歩きだす／…君は今はるかにも／君は今青春さ

人との出会いと別れとを重ねて、今はひとりで未来への道を歩き出した。ここから青春の道が新しく開けて来よう。この挿入歌「青春の詩《うた》」(ゆうきまこ詞、有馬三恵子補作、グラスロード歌、昭47)もひとり歩み始める。

ためしてみたい若さを／これから歩く人生に／一人で流す涙が君にあるかぎり／

…どこをめざして行くと君は言うのだろう／…明日にかける力が君にあるかぎり

いよいよ自分自身の人生を創るために「一人で」向かっていこうとする。「つらくて心に風はふくけれど」、だからこそ今の青春がある。

このように前代と違って、青春の苦しみやつらさを正面から受け止めて自ら立ち上がり、独力で乗り越えようとする。ここに今までと異なった摸索と発展があり、それは孤独の情熱によってこそ成し得て成長していくのである。

とは言っても、孤独であることの悲しみもある。前出のアニメ「タッチ」の挿入歌「愛がひとりぼっち」（康珍化詞、岩崎良美歌、昭60）はその気持ちを綴る。

…見つめて、胸のベール／奥に誰が住んでいるのかを／
言葉じゃ気持ちは届かないでしょう／…若さは素敵とみんな言うわ／
…だけどこぼれる今日の涙が／胸に落ちて痛い／ねえ誰か彼に告げて／
愛がずっとひとりぼっちよと

黙って思いを胸に秘め、言葉を超えた真情を伝えようとするけれども、孤独の深みに落ちていく。どのようにすれば心が通じていくのであろうか、ただ泣くばかりである。

(二) 呼応と対話

自己の内面に浸り沈黙の中に潜んでいると、そこから他者への呼びかけに転じられる。孤独に徹し、自己の立場が定まってこそ人と交わり、愛することができる。その心理の過程が「或る日突然」（山上路夫詞、トワ・エ・モワ歌、昭44）に的確に示されている。

或る日突然、二人だまるの／あんなにおしゃべりしていたけれど／
…或る日じっと見つめ合うのよ／二人はたがいに瞳の奥を／
…或る日そっと近寄る二人／二人をへだてた壁をこえるの／
…いつか知らず胸の中で／育ってた二人の愛

一対多の友達から一対一の、掛け替えのない恋人の関係に変わっていく。その時はもはや言葉は要らず、黙って面と向かい合うだけで十分に満ち足りる。

「卒業」（秋元康詞、菊池桃子歌、昭60）は、言葉がなくても心は通じている。

4月になるとここへ来て／卒業写真めくるのよ／あれほど誰かを／
愛せやしないと／…あの頃の二人は／話しさえ出来ずに／
そばにいるだけでも／何かを感じた

傍らに寄り添うだけで、以心伝心で共通の心の世界を築き、開いていける。

「小さな旅」（山川啓介詞、岩崎宏美歌、昭61）は、距離を隔てた二人の心情を歌う。

日暮れまでのひとり旅／さみしい自由、胸に沁みる空／
不思議ね、離れると／あなたが近くなる

夕暮れにひとりで散歩していて、遠く離れた恋人がより近く恋しく感じられてくる。離れてこそ、よりはっきり見えてくるもの、気づかされるものがある。言葉より重く、言葉に表せない何か大切なものが存在する。テレビドラマ「男女7人秋物語」の主題歌

「SHOW　ME」（森浩美訳詞、森川由加里歌、昭62）は、その真実の世界を明かす。

胸の奥のすべてを開いて／ずっと私、貴方を見つめているから／

わかりあえる、ふたつの心で／言葉よりも貴方を知りたい

また、その挿入歌「眠らないままで」（同）も、これと同じ発想である。

愛し合う二人には／言葉など要らなくなるわ

沈黙の言葉というように、沈黙の底から表現される言葉には人間の真情、真心がより豊かに込められるのである。

さらに、無言そのものを題名にした「MUGO・ん…色っぽい」（中島みゆき詞、工藤静香歌、昭63）がある。このローマ字書きと「・」「…」はゆっくり読んで、心の底に入り、余情を込めて、全体として印象づける意図があるのだろう。

言えないのよ、言えないのよ／言いたいことなら、どれくらい／

あるかわからなく、あふれてる…／目と目で通じ合う／…そうゆう仲になりたいわ／

…明日《あした》少し勇気を出して／視線、投げてみようかしら

他愛のない雑談、会話はいくらでもできるのに、真の心の中からの対話の成立は難しい。

互いに人格を持つ個として認め合う人間関係を基盤としなければならない。

なお、「孤独」は、自ら閉ざし人との関わりを拒絶する「孤立」とは別の質にある。また、「沈黙」は、利己的に自己を表さず人間関係から遠ざかろうとする「黙秘」とは似て非なるもので、「孤独、沈黙」と同じく自覚的、主体的な人格と真実の次元にある。

ケータイやスマホなどの通信機器が発達し、現代人は直接に人と会って、話をすることが徐々に少なくなってきた。人間関係を築いて、心より心へ通う語り合いにも意欲なく、ただ小さな画面の、文字だけの短いやり取りで個の世界に沈んでいく。手紙でさえ重くて、怖いという感覚が生まれてきた。

阿久悠はこの風潮を憂えて、平成九年、歌謡曲ふうに「目を見て語れ　恋人たちよ」と題する詩を作った（『書き下ろし歌謡曲』）。その後、この詞は作曲されて歌われるようになった（髙橋真梨子歌、平20）。

いつの間にかきみたちは／面と対《むか》って話せなくなった／
…遠い会話ばかりで／心つないでいるのか／
目を見て語れ　恋人たちよ／瞳の色の真実を／
…心いためて探り合えよ／それが愛になる／…時に重たい現実受けとめ／
呼吸乱して語り合えよ／それが愛になる

「会話」はおしゃべり、雑話、世間話の段階で、心の内面には響かない。一方、「対話」は互いに内面にまで入って、思いや考えを語り合い、心を共有する。胸より胸へ結ばれる「心の対話」である。

青春歌謡では孤独の深みに、また、沈黙の重みに入っていく。自分を見つめ、考え、自立的に自己形成に努め、その上に、他者と関わり、交わろうとする。互いに人格を尊び、立場を認め合い、対等の人間関係に育てていく。

青春歌謡は人生を学び、生きてゆく指針として読み、歌うことができる。その意味で青春の激励歌、人生の応援歌なのである。

三　思春期・青年期を経て、青春の終幕へ

青春は人生の中で短い一時期のことであり、いつまでも青春、青年期にこだわり、留まるものではない。人は年を経るごとに年齢を重ね、変化し、成熟し、そして老いてゆく。では、ここで、そのような変質、脱皮、成長の過程を青春歌謡でどのように捉えて歌っているかを探ろう。

(一)　少年少女からの別れ

青年・青春期の前段階として、思春期がある。この時期は何事も掴《つか》みどころがなく、ほのかで淡く、また、幼く、脆《もろ》いものである。それでも何かから脱却して次への入り口に達しようと踠《もが》いていく。「想い出がいっぱい」（阿木燿子詞、H_2O歌、昭58）は、少女時代から抜け出そうとしている。

大人の階段昇る、君はまだシンデレラさ／幸せは誰かがきっと／運んでくれると信じてるね／少女だったと、いつの日か想う時がくるのさ／…少女だったと　なつかしく振り向く日があるのさ

「時は無限のつながり」の中で、「宇宙は澄んで…包んでいた」、何事も頼るものがあった女の子が、自立に目覚め、大人の世界に歩もうと一歩、踏み出した。その道は未知で怖いけれども、希望への扉は常に開かれ、続いていく。

この歌の中心的な語句、いわゆるさびの部分、「大人の階段昇る」は、思春期の揺曳《ようえい》から青年時代に歩み出そうとする心情を表す表現として、広く共感を誘うものがあったのであろう、類似の歌謡が歌われた。その一つが、「じゃあね」（秋元康詞、おニャン子クラブ歌、昭61）で、女子高校生が卒業して別れて行く思いを語る。

春はお別れの季節です／みんな旅立っていくんです／…そんな悲しまないで／大人への階段を昇るだけ／…人はそれぞれに／船出です／…微笑《ほほえみ》ながら／目の前のその扉／開けましょう／…4月になれば悲しみは／キラキラした思い出

卒業は新しい段階への出発であり、学校生活の思い出は「宝箱」にしまっておけばよい。続いて「元気を出して」（竹内まりや詞・歌、昭63）は、失恋した友を慰める。

チャンスは何度でも訪れてくれるはず／…いつか想い出に変わる／大人への階段をひとつ上がったの／人生はあなたが思うほど悪くない

若者はこのようにして階段を一段、一段昇るように挫折しながら辛苦して人と成っていくのである。

ここで、思い出（想い出）に対する捉え方や接し方に教えられるものがある。「いい日旅立ち」（谷村新司詞、山口百恵歌、昭53）で「私は今から想い出を創るため／砂に枯れ木で描くつもり〝さよなら〟と」と歌う。この時から「思い出づくり」という言葉が流行したのだろうか。この言葉は弱々しく微温的で、現在に直面せず、不確かな未来に頼っている。本質的には「いつか」過去を「振り向」き、振り返る時に、成長した自分に気づき、「想い出に変わ」り、美しく温かい心の碑《いしぶみ》として浄化され美しくなっていく。これが誠実で真剣な生き方なのである。初めから思い出を作るために行動するのではない。力を尽くして達成した後に、懐かしい形見として充ちてくるのである。

一方、「壊れかけのRadio」（徳永英明詞・歌、平2）は、初めて買ったラジオが聞えなくなり、自分の身体の生長と時代の移り変わりを重ねながら、青年時代の複雑な思いを噛みしめる。

思春期に少年から大人に変わる／道を探していた／汚れのないままに／
…遠ざかる溢れた夢／帰れない人波に／本当の幸せ教えてよ

テレビドラマ「都会の森」の主題歌で、「遠ざかる故郷の空」を思いながら、やはり大人の世界へのかすかな憧れが漂う。しかし、日々の生活は落ち着かず、心は苦渋に沈むばかりである。思春期から青年期にかけて動揺する不安定な心境を映し出している。

(二) ひとりの旅へ

青年期は思春期とは違って、これからの方向が見えてくる。自分は何に向いているか、何をやりたいかと、具体的に目標を探ろうとする。脳が成熟し、社会的に一人前になろうとする大切な時期である。かくして、青年は奮い立ち、自ら独り立ちに向かっていく。

「赤い花」（水島哲詞、西郷輝彦歌、昭40）はその決意を噛みしめる。

春にそむいて散る花びらを／背にうけ、ゆこうひとり旅／
…道なき道をふみしめ、きょうも／たどる心よ強くあれ…／
こぼれる涙とばしておくれ／帰るあてないひとり旅

「深いひとみの面影を」思い出しつつ、さすらいの孤独の旅に出るかのように新しい自分を求めて、人生を歩もうとしている。

次に、恋人への感情を断ち切り、さらに深く人生の旅を決意する歌が「星と俺とできめたんだ」（同）である。

俺の心は星が知る／…ひとりでそっと旅に出る／
あの娘《こ》の幸せねがうから／星と俺とできめたんだ

この「星」とは何か。天上の星を仰ぐカント哲学か。自己の判断だけでは主観に陥る。

そこで、客観的、普遍的な正しさ、道徳律（道徳法則）に照らさなければならない。これが「星」と指し示されたのであろう。

「木戸をあけて」（小椋佳詞・歌、昭47）では、副題が「家出をする少年がその母親に捧げる歌」とあるように、決意して未知の世界に向かって、家から出て行く。

僕の遠いあこがれ／遠い旅は捨てられない／…許してくれるだろうか／

僕のわかいわがままを／解ってくれるだろうか／僕のはるかなさまよいを

自立する旅は家から脱出すること、親から離れて一人前の人間になっていくことである。これは行動には出なくても精神的、心理的な家出であってもよい。この歌を収録するアルバム「彷徨《さまよい》」の題名はドイツのヘルマン・ヘッセの成長小説『青春彷徨』から取ったものであろう。青春は迷いながら成長して大人になっていくのである。

「なごり雪」（伊勢正三詞、イルカ歌、昭50）は男女の単純な別れではない。

いま春が来て君はきれいになった／去年よりずっときれいになった／

…時が行けば幼い君も／大人になると気づかないまま／

…君が去ったホームにのこり／落ちてはとける雪を見ていた

「きれいになった」とはどういうことか。幼い少女が成長して美しく、大人の女性らしくなったのである。年上の男はそれに途惑い、心に受け容れることができない。しかし、季節や年は確実に移り過ぎてゆく。女は同じところに留まらず、自立して新しい地、これからの世界に飛び立っていこうとする。「なごり雪」は残んの雪だけでなく、男女の恋の名残と別れを象徴しているのだろう。

人は出会う、しかし、時の流れとともに人は変わり、新しい出会いが生まれれば、古い出会いはそのまま別れになっていく。

「旅立ち」（松山千春詞・歌、昭52）は、男が旅立つのを女の立場から見送って心に決す。

私の事などもう気にしないで／貴方は貴方の道を歩いてほしい／

…貴方の旅立ちだもの、泣いたりしない

付き合っている時は同じ心であっても、それぞれの歩み方によって、そのころのままに停滞することはあり得ない。いつの間にか互いに変化し、発展して、目指す道が違ってくる。かくて二人はそれぞれに別の方向へ進んで、離れていき、「貴方の思い出だけ」になっていくのである。

「銀河鉄道９９９《スリーナイン》」（奈良橋陽子・山川啓介詞、ゴダイゴ歌、昭54）は、天上の天の川の世界へ旅立とうとする。

さあ行《ゆ》くんだ　その顔を上げて／新しい風に　心を洗おう／

古い夢は　置いて行《ゆ》くがいい／ふたたび始まる　ドラマのために／

あの人はもう　思い出だけど／君を遠くで　見つめてる

…地平線に　消える瞳には／いつしかまぶしい　男の光／

　あの人の目が　うなずいていたよ／別れも愛の　ひとつだと

宮沢賢治の『銀河鉄道の夜』がどうしてもイメージされる。天空への汽車に乗って、恋人との別れを済ませ、自己の理想の、目標とする世界に飛翔しようとする。愛する人のために別れなければならない時もある。かくて、これから新しい人生が「ふたたび始まる」。

(三)　青春からの別れ

このように自立への旅立ちは、即《すなわ》ち青春から離れゆく別れとなる。

「青春のわかれ道」（北山修詞、ジローズ〈第二次〉歌、昭46）は恋人との別れを思う。

　僕はあの時大切な何かを／失ったよな気がするさ／青春のわかれ道だったのさ／

　…今年も来たさ思い出をさがして／…前にひろがるあした（注、朝）の海に／

　きらり輝く思い出が／青春のわかれ道だったのさ

別れ道とは進路の分かれるところで、古今集にある「別れ路《ぢ》」は人と別れて行く道とともに人との別れを言う。この歌の「わかれ道」は恋人との別れであり、同時に、二人それぞれの青春との別れである。さらに、それ以上に、人生の分かれ目、分岐点でもあり、これからそれぞれが行く道をも意味する。このようにして「思い出」に変わり、青春と訣別して、新たな心境で次の道へと進んで行かねばならない。

しかし、「あの日にかえりたい」（荒井由実詞・歌、昭50）は、切なく「あなたに会いたい」と願う。

暮れかかる都会の空を／想い出はさすらってゆくの／光る風、草の波間を／かけぬけるわたしが見える／青春のうしろ姿を／人はみな忘れてしまう

「青春のうしろ姿」とは、青春がはかなく過ぎて行くという意味であり、同時に、その、時の移りゆく流れを寂しく見送ることも暗に示していよう。「想い出」も、夕日にかげる空にむなしく漂い、やがて消えていく。それでも「あなたに会いたい」と願っている。

「青春わすれもの」（東海林《しょうじ》良詞、勝野洋歌、昭51）は、仮定の「れば」「たら」を繰り返して、あの時のことを後悔する。

もっとお前を愛せばよかった／…勇気があったら行く道も違った／青春わすれもの…／今さら気になるわすれもの

もはや時機《とき》が過ぎてしまって、手遅れである。もう二度と戻ることはない。これで終わった、終結である。青春は再びやって来ない。この歌はもはや取り返せない青春を「わすれもの」を探すようにただ歎《なげ》いているだけである。

続いて、「思秋期」（阿久悠詞、岩崎宏美歌、昭52）は、「思春期」に対照させて作った造語で、同時に春と秋、青春と大人とを対比している。

足音もなく行き過ぎた／季節をひとり見送って／

…心ゆれる秋になって　涙もろい私／青春はこわれもの／
愛しても傷つき／青春は忘れもの／
過ぎてから気がつく／…あれこれ／思う秋の日

秋になると、心は内向きに、静かに落ち着いて、感傷的にもの思いに沈んでゆく。「あのひとの別れの言葉抱きしめ…誰も彼《か》も通り過ぎて　二度とここへ来ない」。季節が移り行くように、人も恋も「こわれもの」のようにいつか砕け、「忘れもの」のようにどこかに消えていく。

少女から女へと移り変わる、ほのかに揺らぐ思いを噛みしめている。ああ、今思うと、あのころが我が青春であったのかと、「過ぎてから気がつく」。悟りには達していないけれども、寂しい諦念を示したと解釈する。その時は何事も一所懸命で、無我夢中で自分のことを振り返る心の余裕もなかった。今になって、やっと心静かに振り返ることができるようになったのである。

このような青春の心の襞《ひだ》を的確に言い表したのが「古城の月」（阿久悠詞、小林旭歌、平9）である。

夢は砕けて夢と知り／愛は破れて愛と知り／
時は流れて時と知り／友は別れて友と知る

何事も「砕け、破れ、流れ、別れ」て、失い、離れてから、「夢、愛、時、友」の意味、価値、真実に気がつく。そうして、人は目覚めて成長していく。いつの間にか青春を通り過ぎて、これからの歩みを定めていくのである。

それにしても、「青春のわかれ道」「青春のうしろ姿」「青春わすれもの」「青春はこわれもの」と、秀逸な語句によって青春の本質を見事に言い得てきた。青春歌謡はこれによって生き方を教えられる人生歌謡、人生読本《どくほん》と言えるのである。

「微笑《ほほえみ》がえし」（阿木燿子詞、キャンディーズ歌、昭53）の題名の意味は、「お引っ越しのお祝い返しは微笑にして届けます」ということで、「タンスの陰で…ハートのエースが出てき」て、気が付く。

おかしなものね、忘れた頃に見つかるなんて／まるで青春の想い出そのもの／

…それぞれの道／私達、歩いて行くんですね

青春は過ぎた後、その時々に応じてふと蘇る思い出の世界のことであり、今に至っては「それぞれの道」を別々に「歩いて行く」しかない。それでも青春の道はいつかは新しい人生への道に伸びていく。

「美しい夏」（康珍化詞、桜田淳子歌、昭55）も、やはり同じように青春を卒業していく。

みんな何処《どこ》へ行ってしまう／あざやかに別れの手を振って／

…みんないつでも駆け足で／青春のとびらをしめていく／

…同じ青春歩きつづけて／ふと気がつけば岐《わか》れ道

青春の道は時間が「駆け足」のように速く過ぎていく。そうして、それぞれが自らの意思で、その扉を閉めるように終えていく。振り返って思うと、それが青春の別れであり、「岐れ道」であった。それでも次の階段へ昇って、さらに続きゆく道である。

(四)　卒業して未来へ

青春歌謡で好まれる主題の一つに卒業がある。青春生活の締め括りとして卒業して、出会っては誰もが必ず別れゆく。

「卒業」（松本隆詞、斉藤由貴歌、昭60）は、「卒業式で泣かない」けれども、「もっと哀しい瞬間に　涙はとっておきたいの」と決意する。

セーラーの薄いスカーフで／止まった時間を結びたい／だけど東京で変わってく／あなたの未来は縛れない／…ああ卒業しても友だちね／それは嘘では無いけれど／でも過ぎる季節に流されて／逢えないことも知っている

「高校三年生」（昭38）で、「ぼくら／離れ離れになろうとも／クラス仲間はいつまでも」と朗らかに歌われて二十年余、卒業を、別れとともに新しい出発と出会いの時と冷静に捉えることができるようになった。

次の「卒業」（売野雅勇詞、倉沢淳美歌、昭61）も、懐かしく過去を回想すると同時に、これから先の未来を見通す。

紺《あお》い制服脱いだらみんな／離れ離れなのね／恋、恋、初恋、ひとり卒業ね
キラキラ煌《きら》めくほろ苦いメモリー／ここに残して大人になってくのね…
紺い制服、誰もが苦い／秘密隠してたわ／…机の傷は青春《はる》の忘れ物だね
制服とも別れ、初恋をも卒業して、それぞれが大人になっていく。教室の机に刻まれた「私の名前」は「忘れ物」のように残されている。制服・学生服が青春の苦悩と悲哀を隠すのに適していたとも今になって気づく。卒業の普遍的な真実性が物語的に歌われている。

このように、卒業を節目として、誰もが別々の道を歩む。その時と場を離れて、もう再び逢うこともなく、共に結び合わせた心をどのようにして保てるのか。青春を卒《お》えて、新しい道への出発がそのまま別れとなることは人生の宿命である。

しかし、青春の終幕は人生の終焉を意味しない。長い人生一路から見れば、場の転換であり、新しい入り口、未来への出発と捉え直さなければならない。そうであってこそ、苦楽の青春を生きてきた意義、人生における青春の価値がいつまでも光り輝くのである。

四　青春から別れて出発へ〈再説〉

これまで思春期から青春期へ、そしてその終尾に至る心の道のりを、青春歌謡の歌詞を分析しながら考察した。それは、少年少女が青春から別れ、また、卒業を機に学校・初恋から別れゆくことであるが、より重要なことはその別れが次の段階、自立への旅に新しく向かうことであった。

以上によって、大まかな青春の精神の流れを述べたつもりであったが、その後、令和二年三、四月、週刊誌に立て続けに昭和三十年代後半から、四、五十年代を中心に平成前半を含めて、青春歌謡・青春ドラマを回顧し、大人になった「いまだから話せる」、その意味を味わって噛みしめる特集が次の通り掲載された。

「日本が純粋に恋愛していた時代を懐かしむ」（『週刊現代』、令2・3・7）
「春3月、別れの歌を唄おう」（3・14）
「懐かしの『卒業ソング』　仰げば尊し我が青春時代」（『週刊ポスト』、3・14）
「僕らは青春ドラマで大きくなった」（『週刊現代』、3・21 28合併号）
「あの頃、恋人と別れて、ひとりぼっちで聴いた曲」（4・4）

この特別企画は三、四月の卒業・入学の時期に合わせ、また、最近、週刊・月刊雑誌の読者層が高年齢化して、昔を振り返って懐かしむことが多くなったことにもよろう。

本節はこれらに挙げられていて今までに触れなかった歌、その後に収集した歌をまとめて、卒業・初恋・失恋の、別れから出発して活路を開いていく青年の心と生き方を、新しい別の視点を加えて、歌詞を読解し、その奥にある内面を分析し、青春の意義を改めて詳しく考えてみようとする。

(一) 卒業の別れから自立する

英語の graduate は「卒業する」とともに「〔ある段階から〕〔一段高い段階へ〕進む」という意味があり、progress の「発達〔発展〕する」と類義語である(『新英和中辞典』)。それに対して、漢語の「卒業」は「業《わざ》を卒《お》える」ことに力点があるが、国語では「ある状態・段階を通過すること」(『大辞林』)という意味もある。

青春歌謡が昭和六十年代に至り、卒業を、「別離する」から「通過し発展する」という意味合いで歌うようになったことは、その中身が豊かに膨らみ、貴重なことであり、青春の生き方に示唆を与えた。このことは平成の世になっても変わらず、前代以上に毎年のように「卒業」と題して若者の心情が歌われた。

(1)　別れの中で決意する

卒業だけが理由でしょうか／「会えなくなるね」と　右手を出して／
「さみしくなるよ」、それだけですか…／春なのに　お別れですか／
…涙がこぼれます／…ため息　またひとつ

（「春なのに」、中島みゆき詞、柏原芳恵歌、昭58。
男性の会話の括弧と読点は著者が付けた）

卒業に際して二人の会話は噛み合わず、卒業する先輩に対して「今までどおり会えますね…と言う気で」あった。しかし、残る女子生徒の心は沈みゆく。

記念にください　ボタンをひとつ／青い空に捨てます

と、ただ繰り返すほかない。制服のボタンを手に持つどころか、大地ではなく「青い空」に向かって投げ捨てようとする。淡い恋心は「ため息またひとつ」、ちぐはぐのままに終わろうとしている。心晴れやかな「春なのに」、春の別れとともに二人はそれぞれ別れていく。しかし、「青い空」だけがこれからの歩みにかすかな望みを抱かせるであろう。

ゆっくりと汽車が今／春の駅離れてゆく／
…ひとりきり青空みあげても／誰にも卒業できない恋がある

（「卒業」、渡辺美里詞・歌、平3）

前述の歌に納得できないように、珍しく恋人と別れる未練心を訴えるが、これでは一歩も踏み出せない。

さよなら…／多分もう会う事はないよ／
…僕は君を卒業するよ　切ない気持ちとともに／
…あぁ僕は君を本当に卒業できるのか／
寂しさと切なさと　懐しさがかけ巡る

（「卒業」、コザック前田詞、ガガガSP歌、平14）

恋愛からの脱却はやはり難しい。夢の中をさ迷うように空想的な理想を求める男性の方が、大地に根ざして生活の中で現実的に生きる女性より、思い切ることができずに迷うことが多いものである。

「卒業」、人は新しい扉《ドア》／また一つ開けて進む…《ママ》／
…「卒業」、いつか必ず来ると／分かっていたけど切ないね…《ママ》／
…明日からはそれぞれの道／進む事は知っていた／
…「卒業」、いつも涙じゃなくて／これから始まる夢くれる…《ママ》／
「卒業」、それは別れじゃなくて／出会いの予感をくれる…《ママ》／
…「卒業」、それはたった一つの／未来の扉の鍵だね…《ママ》／未来の扉を開けるよ…《ママ》

（「卒業」、町田紀彦詞、ＺＯＮＥ《ゾーン》歌、平16）

学校を卒業する意義が、若者の言葉で心の揺らぎを否定しながら語られ、上昇への志を固めている。卒業して将来に開かれていく道が希望と期待を抱いて歌われる。このようにして、学校で出会っては別れ、次なる出会いに向かう人生が展開されてゆく。

さあ笑って手を振ろう／今新しい旅が始まる／…教室の音、校庭の風／
夢を育てた素晴しい日々／だけどもう行かなきゃ／未来が待ってるから／
迷い戸惑いながら／自分の足で歩き出そう／…大人への扉がほら開きそうだよ
（「卒業」、酒井ミキオ詞、後藤沙緒里歌、平17）

「大人の階段昇る」から始まった自立への旅が、卒業を起点としてこのように自覚と責任をもって歌われるようになった。このことはまた青春歌謡そのものの成熟と言えよう。「教室の音、校庭の風」の何げない表現が学校生活を文学的に彩《いろど》っている。

桜咲く季節に　巡る出会いと別れ　未来という不安な明日へ／
旅立つときに人は　少し大人になる…
桜舞う季節に　僕は今旅立つ　好きだった君から卒業する／
それは決してさよならじゃなく　始まりだから／
（「卒業」、カシアス島田詞、サーターアンダギー歌、平23）

同工異曲の歌とも言えようが、人気の出た歌の語句や発想が一部、利用されることは歌謡界によく見られる。それだけ時の人に共感して心に沁み入るものがあったのである。

卒業と題する青春歌謡の内容に深い人生的な味わいが含まれてきたことは、歌謡の精神史・文化史の流れとして貴重な稔《みの》りである。

(2) 未来へ新たに旅立つ

…3月の風に想いをのせて／桜のつぼみは春へとつづきます…
瞳を閉じれば　あなたが／まぶたのうらに　いることで／
どれだけ強くなれたでしょう…
花咲くを待つ喜びを／分かち合えるのであれば　それは幸せ／
この先も隣で　そっと微笑んで

（「3月9日《ここのか》」、藤巻亮太詞、レミオロメン歌、平16）

桜のつぼみが咲くのを二人で待って、春になっていく。「新たな世界の入り口に立ち」、「1人じゃないってこと」に気づく。別れを悲しむより未来への道へ静かに、しかも、「幸せ」と捉え直して心新たに旅立とうとする。

白い光の中に　山なみは萌えて／遙かな空の果てまでも　君は飛び立つ…
勇気を翼にこめて　希望の風にのり　このひろい大空に　夢をたくして…
いま　別れのとき　飛び立とう未来信じて　弾む若い力信じて…このひろい大空に

（「旅立ちの日に」、小嶋登詞、合唱曲、平3）

近年の卒業式でよく歌われる歌で、卒業生が希望と夢を抱いて飛び立とうとする。昔のように別れを惜しみ、湿っぽく悲しむのではなく、明るく元気に新しい世界に進んでいこうという捉え方である。

僕らはきっと待ってる　君とまた会える日々を…
さくら　さくら　今、咲き誇る…
さらば友よ　旅立ちの刻《とき》　変わらないその想いを　今
今なら言えるだろうか　偽りのない言葉
輝ける君の未来を願う　本当の言葉
さくら　さくら　ただ舞い落ちる…泣くな友よ　今、惜別の時…
（「さくら（独唱）」、森山直太朗・御徒町凧詞、森山直太朗歌、平15）

この「君」は同性か異性か、あるいは「友」と呼ぶ級友一般か、どれとも取れそうで、ここでは限定しない方がいいだろう。ただ、秘《ひそ》かに思う「君」を含めて、「友」へ、さらに卒業生どうしと広げて解した方が深みのある友情になろう。

「手紙～拝啓十五の君へ～」（アンジェラ・アキ詞・歌、平20）は、構成が入り組んでいるが、卒業する中学生と送り出す教師との手紙の交換である。

十五の僕には…／誰の言葉を信じ歩けばいいの？／
…苦しい中で今を生きている…

自分とは何で、どこへ向かうべきか　問い続ければ見えてくる／
荒れた青春の海は厳しいけれど／明日の岸辺へと　夢の舟よ進め／
…大人の僕も…／苦《にが》くて甘い今を生きている／
人生の全てに意味があるから　恐れずにあなたの夢を育てて…
自分の声を信じて歩けばいいの…笑顔を見せて　今を生きていこう

このような卒業式であれば、若者は自己肯定感を持って、自分自身を信じて、晴れやかに将来に飛び立っていけるであろう。

…確かな答えなんて何一つ無い旅さ　心揺れて迷う時も／ためらう気持ち
それでも　支えてくれる声が　気付けば　いつもそばに…
…遠く　遠く／終わらない夢／強く　強く／新たな日々へと旅立つ時
…同じ空の下　どこかで僕たちは　いつも繋がっている

（「友～旅立ちの時～」、北川悠仁詞、ゆず歌、平25）

卒業は一つの時代を終え、次なる時代へと旅立つ時である。このように友情を育て合ってきた「僕たち」は別れた後、もう会うことがなくても、その時代、共に持ち合った心は「進むべき道の先に」、繋がっていく。

昭和四十年前後の純情青春歌謡には歌われなかった、卒業後の強く頼もしく生きゆく道が示されている。一時代前の卒業式は別れが全面に出て、しめやかで悲しい雰囲気に覆われていた。しかし、最近は拍手でもって迎え入れて送り出し、明るく晴れやかな空気が漂っている。卒業とともに、出発の式と捉えられてきたのである。

(3)　それぞれの道をひとり行く

二人それぞれの道やっと歩き出したね／
…いつかあなたと違う人と歩いてゆくね
…優しくなれず　もっと傷ついたこと／
もう忘れるね

（「卒業」、岡村孝子詞・歌、平4）

「あの日のさよならと、ありがとうの言葉をこの空に今届けた」。過去を振り切り、別れの悲しみに耐え、未来に向かって船出しようとする。そうしてこそ、いつかは人を愛する深い情が培われるであろう。

あかね色に染まる校舎に二つの影落としてたあの頃／
…あれから私はこの街でいくつかの卒業を受け止めた／
生きてゆくのに何が大切か少しずつ見えてきたの／
…あの日生まれた痛みはきっと自分を愛する優しさになる

（「卒業」、岩男潤子詞・歌、酒井ミキオ詞、平11）

恋の別れは青春の別れでもある。「卒業」を学校だけに限定せず、恋の終わりをも「卒業」として捉え、「今日なら言える、本当にありがとう、そしてさようなら…」と新しく別々の道に進んでいこうと心に決める。

優しいひだまりに　肩寄せる日々を　越えて　僕ら　孤独な夢へと歩く
サヨナラは悲しい言葉じゃない　それぞれの夢へと僕らを繋《つな》ぐ　YELL《エール》／
ともに過ごした日々を胸に抱いて　飛び立つよ　独りで　未来の　空へ／
…サヨナラを誰かに告げるたびに　僕らまた変われる　強くなれるかな／
…僕らは／…　〝わたし〟を　生きていくよと／約束したんだ
ひとり　ひとり　ひとつ　ひとつ　道を　選んだ…

（「YELL」、水野良樹詞、いきものがかり歌、平21）

卒業するとは一言も言っていないが、「秋めく窓辺に…夢を描いた」と初めに歌う。男女の級友どうしが卒業に際し、これからの新しい人生に向かう決意をそれぞれ語り合っている。別れゆく者みんなに互いにエールを送って励まし合う。こうして、各自が「ひとり」で、それぞれ「ひとつ」の選んだ道を孤独に、ということは自立して出発していこうと自覚を固める。人と別れるたびに人は脱皮して、強くなる。青春から別離して、自分自身を「生きていく」と決意を堅くして明るく力強く大人へと「飛び立つ」のである。

なお、以上のほかに、卒業に関する歌に例えば次のようなものがある。どのような心境を歌おうとしているか、題目から推察できよう。「卒業してもサヨナラしても遠くでも」（平5）、「卒業の歌、友達の歌」（平11）、「卒業〜さよならは明日のために」（平15）、「卒業哀歌」（平15）、「卒業ＴＩＭＥ」（平16）、「卒業式—大人になる1ページ」（平20）。

学校教育における卒業の意義がこのように若者に認識、理解され、別れを惜しみ、悲しみながらも、心新たに再出発していく。「若い人の卒業は何となく青春の時代に別れて行くような趣がある」（島崎藤村『春』、明41）。学校からの別れは、やはりそのまま青春からの別れであり、青春もこれによって終わりを告げることになる。しかし、それは新しい始まりでもある。

(二)　初恋の別れから歩み出す

(1)　若過ぎて今になって分かる

そよ風みたいにしのぶ　あの人はもう／私の事など　みんな忘れたかしら／…なぜだか逢えなくなって　恋しい人なの

…はずんだ胸は　熱かったわね／懐かしがっても遠い　夢の人なの
…今なら恋だとわかる　はるかな人なの

（「初恋のひと」、有馬三恵子詞、小川知子歌、昭43）

付き合いの一時《いっとき》が終わり、「逢えなくなって」初めて「恋しい人」になり、「初恋の人」であったと気がつく。しかし、今となっては「遠い夢の人」「はるかな人」と懐かしむだけである。離れてこそ、別れてこそ、その時々の思い出が美しく蘇り、生きてくるのである。

あの時君は　若かった／わかってほしい　僕の心を／
小さな心を　苦しめた／僕をうらまずに　いておくれ…
あの時僕も　若かった／…僕の心も　苦しいんだ／
…それでも君が　望むなら／僕は待ってる　いつまでも

（「あの時君は若かった」、萱原芙美恵詞、ザ・スパイダース歌、昭43）

グループ・サウンズの歌である。二人ともあの時は若かった、互いに心を理解し、共有することができなかった、未熟なまま分かり合うこともできずに、はがゆく、もどかしいままに別れた。「僕は待ってる」と願うけれども、もはや二人は別々の道を歩み、相会うことはないであろう。恋には本来、時機、潮時というものがある。

なお、恋の未練心は恋愛小説家、渡辺淳一によると、男の方がいつまでも諦められず、めめしくこだわるものである。

…失った夢だけが／美しく見えるのは何故かしら／
過ぎ去った優しさも今は／甘い記憶…／
あの頃は若過ぎて／…色褪《あ》せた哀しみも今は／遠い記憶…

（「SWEET　MEMORIES」、松本隆詞、松田聖子歌、昭58）

別れた後に街で二人は偶然に出逢った。「なつかしい痛み」を感じた女性は「あの頃は若過ぎて」分からずに「傷つけあった二人」と回想する。今だからこそあの時の熱烈な気持ちを冷静に理解することができる。今となってはかつて愛し合った人は「甘い、遠い記憶」の中に生きているだけである。やはり「失った夢だけが美しく見える」のであり、二人はもはや互いに過去の人であり、思い出に残る人、昔の友人に過ぎなくなった。過ぎてしまえばみな美しい。思い出はすべて美しいものである。

…恋をして淋しくて／届かぬ想いを暖めていた／好きだよと言えずに　初恋は／
ふりこ細工の心／…遠くで僕はいつでも君を探してた…
…帰り道一人口笛吹いて／名前さえ呼べなくて／とらわれた心見つめていたよ／
…愛という字書いてみては／ふるえてたあの頃／浅い夢だから　胸をはなれない…

（「初恋」、村下孝蔵詞・歌、昭58）

「初恋はふりこ細工の心」とは言い得て妙で、すべてを言い尽くしている。男の子、女の子を問わず、誰にでもこれと相似た思いがあったのではないか。この遠くて「浅い夢」は今なお心の中に温められている。この「初恋」は大人になった今も生き続け、生涯に彩りを添えてくれるであろう。

以上四篇の歌は、別れて後、回想するだけで、どのように生きて行くかは歌っていない。独り立ちに向かうにはまだまだ耐えねばならない。

(2)　遠過ぎて擦れ違う

…さみしさだけを手紙につめて／ふるさとに住むあなたにおくる／あなたにとって見あきた文字が／季節の中でうもれてしまう…

遠くで暮らすことが　ふたりに／よくないのは　わかっていました／…季節はめぐり　あなたを変える…

（「心もよう」、井上陽水詞・歌、昭48）

故郷に残った相手とは手紙だけが唯一、心の交流の手段であった。しかし、二人の仲は進展しない。ただ、季節が、時が流れてゆくだけで、それにつれて二人の間が少しずつ遠ざかっていきそうである。題の「心もよう」は「雨模様、空模様」をもじった作詞者の造語であろうが、「さみしさの　つれづれに　手紙をしたためてい」る女の心は暗く沈み、今にも涙がにじむようである。

「あなたは変わる」のではなく、「あなたを変える」ところに時の非情さが沁み込んでくる。いわゆる遠距離恋愛の難しさを伝えるが、一方、離れていることがかえって二人の心を結び付けることもある。情報機器が進化した現在はどのような「心もよう」、恋愛模様を繰り広げるであろうか。

次に、「大きな玉ねぎの下で～はるかなる想い」（サンプラザ中野詞、爆風スランプ歌、昭60。平1にリメイクして副題を付ける）は一つの物語ふうに成り立っているので、まずこれを説明する。

主人公は文通相手にコンサートのチケットを送り、初めて会う約束をする。場所は「大きな玉ねぎ」のような擬宝珠《ぎぼし》が屋根の上に載る日本武道館（東京の北の丸公園）である。しかし、彼女は姿を見せない。「僕」は何度もロビーに出て、捜しては席に戻る。これを繰り返してとうとう会うことができず、たまらず「アンコールの拍手の中飛び出し」、「澄んだ空に光る玉ねぎ」を泣く泣く見上げるばかりであった。

ペンフレンドの二人の恋は　つのるほどに悲しくなるのが宿命／
…若すぎるから遠すぎるから／会えないから会いたくなるのは必然
…二人の恋は…言葉だけがたのみの綱だね…興奮が波のように広がるから／
君がいないから僕だけ淋しくて／…時計だけが何もいわず回るのさ／
君のための席が冷たい…

面と向かって目を見つめて語り合うこともなく、言葉によって架空の世界が出来上がり、二人の物語が形づくられていった。そうして言葉だけでも、というより、言葉のみを頼りにして、思いをめぐらし、伝えようと努める。このように頼るすべもない擦れ違いは未熟な初恋の間にもあり得て、その悲しみが二人の心根をより深めていくであろう。

会えなくてよかったかもしれない。小説や映画のような想像の世界、憧れの世界に留めておくだけで張り合いがあって、充ち足りることもあり得よう。初恋もそれと似た疑似的な舞台であり、だからこそ心情や人間性が美しく培われ、養われていく場なのである。

(3) 別々の道を生きて行く

…わたしには鏡に映った／あなたの姿を見つけられずに／
わたしの目の前にあった／幸せにすがりついてしまった
…今はただ五年の月日が／ながすぎた春といえるだけです／
あなたの知らないところへ／嫁いでゆく…
…あなたはあなたのままで／変らずにいてください／そのままで／
（「22才の別れ」、伊勢正三詞、フォークデュオ「風」歌、昭50）

三島由紀夫の小説に『永すぎた春』（昭31）という作品があり、この語句が一世の流行語となった。この歌は「ながすぎた春」に終止符を打ち、必ずしも望ましいとは言えない結婚に踏み切る。

この歌詞で「鏡に映ったあなたの姿を見つけられず」が難しい。この恋人はどういう「姿」であったのか。憧れや希望に満ちた理想像が結局は感じられなかったのか。何か決め手に欠けて晴れやかに光るものが足らなかったのか。長い年月を経たが、日常感覚のまま緊張感がなく、むなしさしか残っていない。

ここで「鏡」とは「心の鏡」であり、女性の心には男の強く凜々しく生きていく姿勢を感じ取ることができなかったのであろう。

悩みつづけた日々が…忘れられる時が／来るまで心を閉じたまま／
暮らしてゆこう…
…幼い心に秘めた／むなしい涙の捨て場所を／さがしてみたい…
せめて一夜の夢と／泣いて泣き明かして…生きてゆきたい…

（「遠くで汽笛を聞きながら」、谷村新司詞、アリス歌、昭51）

「俺を見捨てた女を恨んで生きる」のではなく、「人を裏切るまい」と生きてゆこうと涙ながらに心に言い聞かせる。まず忘れ、泣いて、その後はすっきりと、「この街で」「生きてゆきたい」と心に決める。題名と歌詞に何度も出る「遠くで汽笛を聞きながら」は何を意味するのであろうか。女が男を捨てて「この街」を出ていった時の「汽笛」が余韻として今なお男の心を揺さぶっているのであろう。

あなたと出逢えてよかった…心のアルバムめくれば　きらめく想い出たちよ／

続いてく　時はいつも止まらずに／変わってく　街も人も愛もみんな

…人はいつか旅立つ／幼かった昨日の私に　さようなら

…本当に愛してた／あなたと過ごした青春／輝きはずっと色褪せない…

（「my graduation」、伊秩弘将詞、SPEED歌、平10）

「私の卒業」と題するが、卒業らしい言葉は歌詞に全く出て来ない。学校の卒業ではなく、愛し合っていた男と別れて、自立してゆく女性の心を女性歌手グループが歌う。

卒業というものが、学校の範囲を越えて、意味が拡大して今までの生活の段階から新しく次の境地に昇り、進んでいこうとする前向きの捉え方に変化している。そのために題を英語で表したのであろう。この生きる姿勢は恋に破れ、恋を失った時にも及んでいくのである。

「やさしさと勇気をくれた」こと、「つらい時はいつも　そばにいて励ましてくれた」こと、「言葉にできない想いも涙も…わかってくれた」ことなど、いろいろと思い出が巡る。しかし、どれもありきたりで、心の交流と対話に欠ける。「あなたのその夢」の実現のために別れることも必要なのである。

…それぞれの想いを胸に互いの道を／確かに歩んでゆくんだね／

嗚呼《ああ》　嗚呼　青春の日々よ…

みんながお似合いだって長い事付き合ってた／二人にも別れがきて…

…自分なりに生きてゆくよ…

（「嗚呼、青春の日々」、北川悠仁詞、ゆず歌、平12）

冒頭に「初恋のあの人」「一緒に…馬鹿やったアイツ」が出てきて、卒業して何年か経ってから男女の友人を回想するが、舞台設定の情況が分かりにくい。別れに泣きながら、その後の生き方が迫力に欠ける。何度も繰り返す「嗚呼」は、旧制一高の寮歌「嗚呼玉杯に花うけて」（明35）の感動詞を使っているが、寮歌調の精神と気分にはほど遠く、中身の歌詞としっくりしていない。なお、「自分なり」の「成り」は相応という意味で、やや曖昧でやはり意力が不足する。

三　失恋の別れから起ち上がる

(1)　旅に求めて

旅立つ僕の心を知っていたのか／遠く離れてしまえば愛は終わるといった／
…いつもいつの時でも僕は忘れはしない／愛に終わりがあって心の旅がはじまる

（「心の旅」、財津和夫詞、チューリップ歌、昭48）

恋の終局を迎えたのか、男はひとり汽車に乗って旅立ってゆく。この歌詞だけを読むと、「哀愁列車」（横井弘詞、三橋美智也歌、昭32）のように「未練心につまずいて」、「旅にのがれる」姿が連想される。しかし、この歌の成立は「愛し合う女に心を残しながら、男が都会へと旅立ってゆく」という、作詞者の経験に基づく（『この歌この歌手（上）』、平9）。ただ、歌は作品として発表されると、作者の創作動機とは別の世界であり、読者にその意図通りに解釈されないこともあり、それで当然のことである。

恋は終わりを告げることによって新しい道が始まる。二人はこの現状のままでは打開も進展もなく、それぞれの道を歩むしかない。「心の旅」という美しい言葉で表しながら、その中身は歌う者が思い描くように任せられている。「旅立つ僕の心」から始まる旅は「心の旅」として自己を見つめ、新しい人生に出発する旅となろう。

この曲は「あー」で始まる二行の句を六回も繰り返すメロディーが伸びやかに広やかで、心に残り、歌う者それぞれが心の中に情景を思い描いて味わうものである。

あなたがいつか　話してくれた／岬をぼくは　たずねて来た
…岬めぐりのバスは走る／窓に広がる　青い海よ…
幸せそうな　人々たちと／岬を回る　ひとりでぼくは…／
あなたをもっと愛したかった…／ぼくはどうして　生きてゆこう／
悲しみ深く　胸に沈めたら／この旅終えて　街に帰ろう
（「岬めぐり」、山上路夫詞、山本コータローとウィークエンド歌、昭49）

恋に破れ、「ふたりで行くと　約束したが　今ではそれも　かなわないこと」で、むなしく「ひとりで」その地を訪れた。そのバスの中では旅好きの「幸せそうな人々たち」と乗り合わせ、よけいに自分がつらくなってくる。これから「どうして生きてゆこう」と思い悩むが、この悲しみ苦しみを胸の中に深く沈めることによって、旅を終えてからは元通り「街に帰ろう」と心に決め、再起を誓う。

「心の旅」はこれからの生き方を探り、求め、新しい人生への活力となった。旅はひとりで自分に浸り、問い、語ることによって、精神的に遍歴して、生きてゆく道が導かれていくものである。

(2)　ひとりに浸って

街のどこかに　淋しがり屋がひとり／いまにも泣きそうに　ギターを奏《ひ》いている
愛を失《な》くして　なにかを求めて／さまよう　似た者同士なのね…
…淋しがり屋の星が…／なみだの尾をひいて　どこかへ旅に立つ
そっとしときよ　みんな孤独でつらい

（「真夜中のギター」、吉岡治詞、千賀《ちが》かほる歌、昭44）

愛を失い、愛に飢えている者が、真夜中にどこからか啜《すす》り泣くようなギターの音を聞いて心の共感を覚え、近しく親しい感情に沈み入る。遠く流れ星が落ちていく先を見送り、同じようにどこか遠くへ旅立ちたいと夢見る。「孤独でつらい」心を見つめ、夜が明けるのを待つ。

青春とは、このようにあてもなく、苦渋・苦悩、悲歎・悲傷に満ちるものである。ここからいかに脱却し成長するかである。一時代前なら、読書・創作・スポーツ・芸術・信仰などを通して克服し、自立し、主体性を獲得した。挫折・絶望は飛躍・上昇への一歩であり、孤愁・孤独は希望・対話への基盤である。

もう終わりだね　君が小さく見える／
…私は泣かないから　このままひとりにして
さよなら…／もうすぐ外は白い冬／愛したのは　たしかに君だけ／
そのままの君だけ
愛は哀しいね…／僕が照れるから　誰も見ていない道を／
寄りそい歩ける寒い日が　君は好きだった／
…外は今日も雨　やがて雪になって／僕等の心の中に　降りつもるだろう…
（「さよなら」、小田和正詞、オフコース歌、昭54）

「白い冬、寒い日、雨、雪」と舞台は常に寒く厳しい。雨が雪に変わり、二人の「心の中に降りつもるだろう」と予感して、「さよなら」していく。恋の破綻については何も語らず、終わりの一点に絞る。

しかし、「冬来りなば、春遠からじ」という。この悲しい別れは「僕等は自由だね」と語り、「まるで今日のことなんて　思いもしないで」と意を決していることから、必ずや次の人生へと開かれていくであろう。

雨のようにすなおに／あの人と私は流れて／雨のように愛して／
サヨナラの海へ流れついた／
…ひとりはキライだとすねる／ひとり上手とよばないで／心だけ連れてゆかないで／
私を置いてゆかないで／ひとりが好きなわけじゃないのよ
（「ひとり上手」、中島みゆき詞・歌、昭55）

雨が降って流れ消えていくように二人は出会い、恋をして、そして別れていった。「冬の雨」が打ちつけるように降りしきる中、ひとり家路につく。題名の「ひとり上手」は女性が好むものではなくて、逆にひとり残されることを忌み、自分のそばに寄り添い、心を共にしてくれる相手を求めている。別れの「手紙なんて」「なんどもくり返し泣くから」「よしてね」と懇願する。それよりか「電話だけで捨ててね」と強がりを言う。複雑な女性心理が描かれるが、題名と主題の関わりが理窟や理論では解けず、難しい詩である。

(3) 思い出を美しく

僕を忘れた頃に／君を忘れられない／そんな僕の手紙がつく

…君の時計をとめてみたい／あゝ僕の時計はあの時のまま…
あゝあれは春だったね
僕が思い出になる頃に／君を思い出にできない…
（「春だったね」、田口淑子詞、吉田拓郎歌、昭47）

恋人と別れた後、君が僕を忘れたであろう時にも、僕は君を忘れることができずに、時はあのころのままに止まり、「あれは春だったね」と自らに確かめる。この「春」は別れた時の季節と、人生の最盛期である青年期の二つの意味を持つ。君にとっては「僕が思い出にな」っているだろう時に、僕には君をまだ「思い出にできない」。しかし、時は流れて、いつか過去の思い出の世界に入っていくだろう。この詩は「僕・君」の人称を意図的に省いているので、補って解釈する。

大事な話が君にあるんだ…／…何を話すか　わかっているね／
傷つけあって　生きるより　なぐさめあって　別れよう…外は白い雪の夜…
あなたが電話で　この店の名を　教えた時からわかっていたの／
今夜で別れと知っていながら…
サヨナラの文字を作るのに　煙草何本並べればいい…
あなたの瞳にわたしが映る　涙で汚れてひどい顔でしょう／
最後の最後の　化粧をするから　私を綺麗な思い出にして…

（「外は白い雪の夜」、松本隆詞、吉田拓郎歌、昭53）

「何年つきあったろうか」、雪の夜に「最初に出逢った場所」で二人は別れを告げることにした。男女が唱和して、女は最後の願いをする。いつも男の後ろを歩いていたように「席を立つのはあなたから　後姿を見たいから」と。互いに心を共にして、「なぐさめあって」、幸を祈り、友人のように別れようとする。

出会いは一瞬で偶然のことが多いけれども、終わりの時もまた、突然にやって来ることもある。どのように別れるか、その別れの儀式や作法も大事なことであり、女性も「最後の化粧」をして、別れを「綺麗」に華やかに飾ることにより、これからの人生も美しく豊かにできるであろう。

思い出は美しすぎて／それは悲しいほどに／もう二度と　手の届かない／
あなた　遠い人…／もう今は　別々の夢／二人追いかける

（「思い出は美しすぎて」、八神《やがみ》純子詞・歌、昭和53）

思い出は思い出すたびに美化、純化される。しかし、恋人はもはや「遠い人」である。そのことが分かっているからよけいに「あなたのほほえみを　感じ」て、「ひとりふりかえる」。このようにして再び生き直し、心がより清らかに浄化され、人間として深まり成長していくことであろう。

最後の言葉を　さがしていたのはあなた／私は震える心押さえて

想い出話くり返す…／ありきたりの別れはしたくなかったの　涙で幕をおろすよな／
紅い口紅で鏡に書くけど　文字にならないエピローグ
最後の最後に　あなたは優しかったわ／これでほんとに　もう終りなの
二度と会えないの／とぎれた電話を　耳にあてたまま　私は／
あなたの声を夢の中で　聞いているようです…
（「終章（エピローグ）」、CHAGE《チャゲ》・田北憲次詞、CHAGE&ASKA歌、昭55）

男から別れをほのめかすような電話を受けながら、女は「想い出話」に事寄せながら、少しずつ受け容れていく。口紅で思いを鏡に書くことは女性でしか表せない仕草である。しかし、「文字にならない」で、むなしく「／、×」のような線を書いていたのであろう。別離の涙を流して終結にするような普通の別れ方ではなく、男のやさしさに甘えながら、悲しみの心を抑え、表面上は、さわやかに別れて、これからひとりで生きていく心を定めて、平静に保とうとしている。

君が涙を止めない…／別れ話に…／夢の中まで甘く…／言葉にならない…
砂に涙を消して…／君の名を呼ぶ…／星も夜空で泣いた…／帰らぬ思い出／
遠くはなれて今…／胸が痛む…
恋人のまま…別れよう／…あの頃は…ありのままでいい／
瞳の奥には　海辺のカーニバル…

いい女には…夏がまた来る／泣かないで　マリア　いつかまた逢える

（「メロディ」、桑田佳祐詞、サザンオールスターズ歌、昭60）

二人とも涙を流し、「恋人のまま」に、美しく「別れ話」を交わすが「言葉にならない」。出会いは最初はあっさりして単純で、先のことまで予想もつかない。一方、別れは多様で複雑な上、その後の展開も難しく、この歌の行く手は把《つか》みどころがない。

…会うたびにいつも　会えない時の寂しさ／分けあう二人　太陽と月のようで
…桜の花びら散るたびに　届かぬ思いがまた一つ　涙と笑顔に消されてく
そしてまた大人になった／追いかけるだけの《ママ》悲しみは　強く清らかな悲しみは／
…無くさないで　君の中に　咲く　Ｌｏｖｅ…
人はみな　心の岸辺に　手放したくない花がある／
それは…儚《はかな》く揺れる　一輪花／…生きていく強さを感じる／
嵐　吹く　風に打たれても　やまない雨は無いはずと…

（「桜」、小渕健太郎・黒田俊介詞、コブクロ歌、平17）

この歌も抽象的、かつ詩的で、物語のような幻想的な情調が流れ、全体として切ない哀調が漂う。この二人の思いは互いに届くこともなく、空回りを続けるようである。「街の中見かけた君は寂しげに　人ごみに紛れてた」、どうか「あの頃の　澄んだ瞳の奥の輝き」が、「時の速さに汚されてしまわぬように」と、遠く秘かに男は願うばかりである。

この節を終えるに当たり、青春時代にとって切実な出会いと別れを再考しよう。前述の斉藤由貴が歌う「悲しみよこんにちは」（昭61）は別れの涙を振りきって、歩み出そうとする。

降りそそぐ花びらが　髪に肩に　ひ・ら・ひ・ら　ささやくの
出逢いと同じ数の　別れがあるのね…
想い出　あふれだしても　私の元気　負けないで
…不意に　悲しみはやってくるけど　仲良くなってみせるわ…
平気　涙が乾いた跡には　夢への扉があるの　悩んでちゃ行《ゆ》けない

辛く悲しい別れの思い出は「友達を迎える」ように、良き爽やかな思い出として、快く受け止めて、迎えるのがよい。出会いがあれば、必ず別れがある。いつまでも悲しみ、悩んでいては、これから生きて行けない。一歩、将来に向かって進もうと意を決する。「出逢いと同じ数の別れがある」とは箴言《しんげん》、警句とも言うべき名言で、出会いがあれば必ず別れがあると覚悟する。出会って別れることにより、人生・人間の情味・恩愛の深みを知り、新たな人生、即ちより豊かな出会いへ発展していく。

このように、歌が人生を生きゆく強い指針となるのは、言葉に宿る魂（言霊《ことだま》）に内在する力なのである。

㈣　少年時代と青春時代の思い出の反照

青春が終極に達した後、それからの人生はどのような様相を見せるのか。人生は時期を画して、展開していく。前代を吸収し、それを基盤に次代が創り開かれていく。青春時代の蓄積と陶冶《とうや》は心の中にいつまでも養われていくことであろう。

その心意を描く青春以前の歌が前述した「少年時代」である。これはもともと柏原兵三Ⓐが昭和四十四年に『長い道』と題する小説を発表した、それを同五十年に藤子不二雄Ⓐが『少年時代』の題で漫画に描き、平成二年に映画化され、その主題歌として歌われたものである。

この物語は大東亜戦争末期、都会から漁村に疎開してきた小学五年生が、土地の少年たちとの陰湿にして明るく素直な、反発と友情の絡み合いを通して成長してゆく、少年期の心の揺れ動きを描いた自伝的な長篇である。それは、少年が大人になるために必ず通らなければならない「長い道」であり、熱く、冷たく鬱屈した心の格闘によって忍耐しなければならない道であった。

さて、その「少年時代」（井上陽水詞・歌、平2）は静かに内的な風景を点描する。

夏が過ぎ風あざみ／誰のあこがれにさまよう／青空に残された私の心は夏模様／

夢が覚め夜の中／…夏まつり宵かがり／胸のたかなりにあわせて／八月は夢花火…目が覚めて夢のあと／…夢はつまり想い出のあとさき

少年時代への郷愁を夢の中に誘う複雑な抒情詩である。夏が過ぎても心はそのまま夏らしいままで、活溌な少年のようである。井上陽水は前掲の「心もよう」（昭48）を自作し、春から夏へ、秋から冬へと「季節はめぐり、あなたを変える」と、既に歌っていた。身辺の生活の中から四季を背景にして、その心象風景を印象的に思い綴る。「想い出のあとさき」、つまり少年の頃の出来事が経過し、その結果に至る過程の思い出が夢のごとく飛び交い、今なおその夢を引きずったままである。少年時代の憧れと夢は今に至るまで心に残り、胸は高く鳴り、その夢の影は延びるように続いていく。心中は今も温められて、少年の心は消えることなく、いつまでも生命を保っている。

この歌は青春そのものではなく、過ぎ去った少年期・青年期を思い巡らし、その幻影をたどる歌である。青春を生きてきた後に歌う青春歌謡の一つとしても捉えることができる。次に、「男たちの子守り歌」（名村宏詞、ボニージャックス歌、平7）はどうであろうか。

青春は…／二度とこの手に戻らない／戻らないから懐かしい／ほとばしる　若い夢／たぎらせながら駆け抜けた／青春は…／男たちの子守り歌

この歌は第一節が「初恋は／思い出すから忘れない／忘れないから思い出す」、第三節が「故郷《ふるさと》は／変わりすぎて帰れない／帰れないから涙ぐむ」と、「初恋」も「故郷」も「男たちの子守り歌」のように懐かしい響きを寄せてくる。

青春時代も同じく思い出されることによって、心が穏やかに和やかに慰められ、静まってゆく。そうしてさらに生きていく活力と熱意を取り戻す。青年の活気が今なお意欲を回復させ、元気づける。それは朝の太陽のように鮮やかに輝くものでなく、やや翳《かげ》る夕映えではあるが、明日への静やかな希望を与えよう。

この歌の「子守り歌」は「聖母《マドンナ》たちのララバイ」（山川啓介詞、岩崎宏美歌、昭57）を使ったと思われるが、その終結は次のように歌い納める。

　今は心の痛みをぬぐって／小さな子供の昔に帰って／熱い胸に甘えて

この「都会《まち》」の「戦士」に与える歌と青春の残照の歌とは基本的に異なるけれども、青春の思い出の中にこの歌のような甘く、温かい感情が今も流れている。「恋ならばいつかは消える／けれどももっと深い愛があるの」と歌うように、青春の思い出の根底に「聖母」のような慈恵と愛念の情が湛《たた》えられているのではないだろうか。老いに至り、甘美な情緒に包まれて回想できることは青春の優しい残光として賜る価値あるものである。

第四章　振り返って蘇る青春

一　青春の回顧と展望

青春は過ぎ去ってしまった後、ただ単に思い出の対象としてあるだけでいいのだろうか。「青春」の語は体言（名詞）であるが、これを「科学する」「哲学する」という表現に倣って、「青春する」という用言性、動詞性を持った言葉として捉え直すと、「青春の道」はどのように展開していくであろうか。

昭和から平成の時代に変わり、中年に達してもなお青春を生きていこうとする青春歌謡の新たな音楽活動が始められた。「青春時代」（昭51）が大人気を博して十四年、その作曲者森田公一が作曲生活三十周年の折目に当たり、「青春時代」の後篇ともいうべき新曲を続々と発表していった。

「浪漫を抱いて」（大津あきら詞、森田公一＆トップギャランⅡ〈以下、同グループ〉歌、平2）で青春時代の復活・復権を宣言して、同じ世代に呼びかける。

ほろ苦い想いする度に／少年の頃に戻りたがる／…自由な生き方に憧れる
…生きてゆこう　浪漫《ろまん》を抱いて／さからいながら　つまずきながら／
…今夜　恋唄歌っては／青春のかけらを探してる／
…うつむかないで　ざらつかないで／生きてゆこう　浪漫を抱いて／

　色つきの夢がある限り

これは青春の残り火でも懐古でもない。青春のころと変わることのない心意気と精神で、それぞれが年齢に応じた夢と憧れを求めて生きて、青春しようと高らかに唱えたのである。青春の繰り返しや真似《まね》ではなく、青い春とは異なる、中高年としてふさわしい熟年の色彩の春を求めようとする。

「友よ」（杉紀彦詞、同グループ歌、平2）は同志の友に呼びかける。

　こらえてもこらえても／何かが溢れ出る／おさえてもおさえても／心が熱くなる／
　…そんな季節をおまえと二人／わき目ふらずに生きて来たんだ／
　…あゝ友よ…／それを昔のことにするなよ／たとえ時代になじめなくても／
　迷うなよ迷わすなよ／生き方をかえてどうなる／
　…そのときには想い出せ　熱い歳月

時代の変化にかかわらずに、「頑なに」「自分が曲がらない」生き方を、青年の志気と同じように貫いてよいのではないか。

「いくつもの場面」（大津あきら詞、同グループ歌、平2）はさらに熱っぽくなる。

　恋しただけで／優しさ結べるさと信じていた／そしてちっぽけな男だったと／
　やっと気付いたあの頃／いくつもの場面　悔やむのはよそう／
　…あふれ出す朝は／涙ふくよりも歩き出そう／心は熱く《ママ》…ただ熱く

古き良き思い出に浸っているのではない。青春の幼さに気付き、後悔せず、悲しむことなく、熱き心で新たに前に向かって歩み出そうとする。青年時代とは違って、成熟した中高年としての青春らしい生き方を摸索して創造しようとするのである。

青春の蘇りの締めは「夢を引きずってゆけ」（山上路夫詞、同グループ歌、平2）で呼びかける。

誰だってそうだろう　少年の時に／夢を抱いてた　ひとりひとりが／
時がたち憧れは…気がつけば目の前に　荒野があった／
男よ　それでも夢を棄てるなかれ／…男よ　夢を引きずってゆけ／
…その胸の夢はおまえのもの／…どこまでもゆけよ

少年の時と変わらずに、夢を抱き、いつまでも夢を求め続けてゆけと、励ます。夢は少年の時だけでない。青年でも中年・高年でも中身は違っていても、目標を定め、理想を求め、実現させていくべきものである。

青春は本来、若い時代の一時代のことである。しかし、それは一定の時期や年代のみに限定できるものではない。青春の心構えや身構えは生きている限り生涯に続くものである。青年の意気と気力は老年に達してもその年代にふさわしく養い、人生を全うしていける。

世間でよく年を取っても青春とか、老年の今こそ青春と、ことさらに言うことがあるが、これでは意味を成さない。正確に言えば、年々に応じて青春の実質が、形を変えながらも維持、持続され、人生の開拓と創造に向かっていくのが理想である。それを老成、老熟、老練と言ってもよい。青春に対してあえて言うならば「老春」である。森田公一は「好奇心がなくなった時に自分の歌は終わる。…青春を歌い続ける」と語る（『京都新聞』、平2・9・3）。これは青春し続けるということである。

以上、四篇の歌を青春歌謡の最終章に置いたのは青春の熟成、円熟、豊熟として正当に位置づけ、人生の晩熟を飾る最後の生き方として心に期したいがためである。

付　旧制高校寮歌の青春

昭和三十年代の後半より平成・令和に至る現代までの六十年、青春歌謡の誕生・発展・拡充から衰退への流れをたどり、その歌詞に込められた青春の生き方・心情を探ってきた。これによって、青春の特質・精神が明らかになり、青春歌謡が、いわゆる青春文学の小説や詩歌に比肩するほどの意義・価値を有していることが分かった。

かくしてここで思い起こされるのは、前時代にも青春を謳《うた》う歌があったかどうか、いつの時代にも青春の時があるはずで、それこそ旧制高校の寮歌であったということである。

この寮歌はおおむね全寮制であった寮で、年一回の記念祭（紀念祭。今の文化祭）で生徒自身が作詞、作曲して発表された。また、運動部では部歌、応援歌、遠征歌なども作られ、これらの歌は高校生活のいろいろな場面や機会に歌われ、三年間の青春時代の重要な位置を占めていた。

本書はこの寮歌を正面から取り上げることが趣旨ではないので、青春歌謡に関連して、次の二点に絞って論じる。

㈠歌詞にどのような言葉がよく使われるか、そして、そこに青春歌謡と共通する青年の精神と心情があるのではないか。

㈡青春歌謡を回顧して復活・展望への道があったように、寮歌にも、昭和二十五年に旧制高校が消滅してからも、同じような動きと思いがあるのではないか。

この二点を解明することによって、明治から現代までの青春歌謡史の一筋の流れとして把《つか》むことができよう。

なお、㈠については、拙著『唱歌・童歌・寮歌―近代日本の国語研究』（平成二十九年、勉誠出版刊）の「寮歌の言葉・表現と成立・流布」により略述する。

㈠　寮歌の語彙とその志向

寮歌によく表れる語を意味によって十四項目に分類し、分類語彙表（シソーラス）ほど厳密ではないが、高校生の内面の世界、精神世界を明らかにしよう（語は代表的なものに限る）。なお、寮歌は文語調であり、和語（大和言葉）は文語（古語）を基本とする。漢語も愛用されるが、これも一種の文語である。

まず、理念・基盤として「自治、自由」、自ら居るところを「丘、城」と捉える。学問・読書・真理では「学ぶ、思想《おもい》、真理」、理想・求道では「理想、希望、青雲、向上、夢、情景、覚醒《めざめ》、北極星、旗」など数多い。

次に精神・心性を表すのに、精神的な明るさ・強さとして「男の子《おのこ》、若人、意気、正気、正義、情熱、なさけ、感激、青春、血涙、血」などの名詞、「進む、立つ、勤しむ、舞う、溢る、燃ゆ」などの動詞、「若し、清し、高し、美《うる》わし、さやけし」などの形容詞があり、とりわけ精神面に多彩、豊富に広がる。

これと対照的に、内面的な静けさ・深さとして、「憂愁、うれい、かなしみ、嘆き、悶《もだ》え、涙、寂寥《せきりょう》、静か」などの名詞、「籠る、黙《もだ》す、偲ぶ、彷徨《さまよ》う、泣く」などの動詞、「遠し、寂し」などの形容詞と、青春の明と暗の二面性が反映する。また、「我《われ》、我《わ》が、我ら」の多用は強い自主性・自立性を表す。

次に、生活の面として「灯《ともしび》、さかづき、酔う、逍遥《しょうよう》、思い出、ふるさと、郷愁」、友情を表すものとして「心の友、友愛、つどい、語らう、相寄る、かたみに（注、互いに）」などが好まれ、高校生の心情が深まっていく。

別離では「わかれ、訣別、去る、船出、門出」、人生では「旅、旅人、旅寝、旅ゆく、運命《さだめ》」などが比喩を含めて愛用される。時・時間として「今、今宵《こよい》、春秋、星霜、永久《とわ》、久遠、惜しむ、短し」、天空・季節として「天、空、朝ぼらけ、夕日、夕月、月影、星、星影、惜春、雪」など、内面的、精神的なものに心が向かって行く（このほかに、植物、色彩、国家・歴史、世俗〈反価値、否定として〉の分野もあるが、省略する）。

このように概観するだけで、この語彙の形づくる世界（心の世界）が、当時の高校生の真摯でひたむきに生きる姿勢と、率直で清く明るい精神を明かしていることが理解できよう。青年の生き方は元気溌剌《はつらつ》たる明るさ、強さだけではなく、静かに感傷や苦悩に沈む暗さをも含み持つ。この相反した惑いの中にさまよい、ひたすら向上を目指そうとする。

このように寮歌は、青春の両面的な本質と本性を明確に示している。これはまた、青春歌謡の歌う青春の特質と変わりがない。明治三十年代半ばから昭和前期（戦前）に至る寮歌と昭和三十年代後半以降の青春歌謡は、心の深みに連続、通底して結び付いている。

(二)　寮歌祭に寄せる老春の讃歌

さて、この旧制高校も昭和二十年の敗戦により廃止されることになり、同二十五年三月に最後の卒業式を行って閉校し、新制大学（教養課程）に包括された。しかし、卒業生の、消滅した母校、とりわけ寮歌に対する思いは消えることはない。世情が安定し、卒業生の社会における活動が盛んになるにつれ、寮歌への情熱が溢れ出た。こうして、同三十六年十月、日本寮歌振興会の主催によって東京で日本寮歌祭が初めて開催された。

この歌唱の集いは年を追うごとに盛んになり、平成十二年の第四十回大会では全五十八校が出場し、その「ビデオ完全収録版」を制作し、併せて『日本寮歌祭四十年史』も出版した。しかし、その後、卒業生の高齢化により参加者が徐々に減少し、平成二十二年に第五十回をもって終了した。それでも寮歌への熱意を断ち切ることができず、翌年に全国旧制高校寮歌祭が受け継ぎ、同時に、旧制高校の精神を後世に伝えていくことをも企図して新制大学の卒業生も参加して中央寮歌祭が発足した。

関西では昭和四十一年に関西寮歌振興会主催で全国寮歌祭が大阪で第一回を開き、同五十年には関西の大学・高校の合唱団が学歌・校歌や寮歌を歌う青春賛歌コンサートが初めて催された。さらに、京都ではOB懇親会の洛陽会が主催して昭和六十二年に第一回洛陽寮歌祭、令和元年に第三十三回を数えている。

全国的に見れば、平成二十九年には全国十九ヶ所で寮歌祭が行われ、年ごとに幕がおろされていくが、今なお、その意気は往年と変わらず、熱唱されている。

寮歌祭の沿革と現状はこれだけにして、ここで卒業生が寮歌祭に寄せて作った文章と歌詞の一部を引用しながら、その精神を考察しよう。

昭和四十六年の第十一回日本寮歌祭のプログラム挨拶文で次のように述べる。

寮歌に盛られた青春の理想像は、まさにわれわれ自身の生《なま》の姿であったが、

それはまた…現代の青年諸君のものでなければならない。

…自由奔放の中に人間形成を積み重ね、理想への憧れにつねに倫理性を追求する、

あの豊かなる青春の営み。これこそ、古今《ここん》を通ずる青年教育の本質である。

青年が歩み、求め、また、楽しみ、苦しむ生き方は時代を超えて変わりなく、その心情が湧出する前代の寮歌と、現代の青年歌謡は根源において共通する。寮歌祭の開始と青春

歌謡の出現がほぼ同じ時期であることにも注目すべきであり、右で「青年教育」と指摘していることは重要である。学校制度や社会状況が変化しても、精神世界の心の躍動は今も続いているのである。

旧制教育のよさを寮歌に歌いあげ、日本の教育に警鐘を鳴らしつつ、

青年を励ましてゆこうというこの素朴な願いは、

それ自身が青春の泉となってわが身をはげまし…つきるところを知らないのである。

ここに寮歌祭の意義が明確に示されている。単に郷愁や懐旧だけではない。これから世を担う若き青年を導き、老齢の元高校生にも生ききる指針を今も与え続ける「青春の泉」なのである。前節で述べた青春の回顧と展望も、これと変わらない精神の作用があってのことである。

「寮歌祭讃歌」（国司宣孝作詩、昭53。『寮歌愛好会通信』創刊号）は「集ひて炎ゆる青春の寮歌《うた》高らかに歌ふかな」と、心を高く響かせる（以下、抄録）。

自治と自由の名を負ひて／高き理想《のぞみ》に胸躍る／頬、紅《くれなゐ》の若き日の／
生命《いのち》の栄《はえ》を謳《うた》はずや
乱舞に燃ゆる感激を／刹那の酔《ゑひ》と誰《たれ》か謂《い》ふ／高鳴る血潮如何《いか》にせむ
真理《みち》を探求《もと》めて先哲の／思想《おもひ》に触るる歓喜《よろこび》や／懐疑《まど》ひて解けぬ人生《ひとのよ》の／
憂愁《うれひ》に沈む情懐《こころ》にも／汚れなき日の詩《うた》ありて／魂《たます》澄む清き曲調《しらべ》かな

言葉遣いはやはり寮歌調で、古語と漢語をちりばめ、難解、高尚であり、それに対して、青春歌謡は用語や表現方法が平易で、歌風が穏やかである。しかし、表現の仕方は異なっていても、根底は同じ心情を歌っている。寮歌を讃えるだけでなく、残された人生を青春の気でもって生きていこうと、気力と意欲に満ちている。寮歌も同じように復権し、活力の源泉として尽きることがない。

次に、「洛陽寮歌祭に寄す」（紺田功作詩、平1。同祭の歌集）では「歓びの日はめぐり来《き》ぬ」と高らかに歌い舞う。

美酒《うまざけ》酌みて肩寄せて／寮歌《うた》絢爛《けんらん》の花と咲く／青春胸に現《うつつ》なる
純真の夢うつろはず／微笑の頬は紅に／語らひつきぬ宴《うたげ》かな
飛天の情熱《おもひ》、洛陽に／歌へ我らが良き友よ／
大志を永久《とは》に珠玉《たま》と抱き／舞ふは我らが良き友ぞ

寮歌を歌うことによって青春の思いが今に蘇ってくる。あのころ抱いた志を再び確かめては、今生《こんじょう》を生き抜こうと決意を新たにするのである。

さらに、「檄《げき》」（平16。第四十四回日本寮歌祭プログラム）を飛ばし参加者に奮起を促す。

いざや　歌はんかな　青春の日の「叡知　真理思慕　意気感激」の結晶たる寮歌を
寿《ことほ》ぐべし　燃ゆべし　愛すべし

さて、この熱情、熱血の寮歌はいつまで歌い続けられるであろうか。昭和二十五年を最後に卒業した高校生も今や九十歳前後に達している。
いずれこの事態になることに備えて、今の若い人に寮歌を伝えていこうと、早くに大学・高校生に歌ってもらう音楽祭が開かれた。それが前述した青春賛歌コンサート（第三回から「讃歌」）で、「寮歌は生きている」を標語とした。
その理念を語る「寮歌の生きる道」の一部を、資料として記録に留めておく（大阪高校同窓会、白山桂三、昭51。第二回プログラム）。

　青年が国を思い、文化を思い、自らを養い、理想をかかげて、
高らかに歌いまくった歌、それが寮歌である。
時代によって理想の内容は異なろうとも、
そうした精神だけは引き継いでもらいたいものである。
そして次代の青年は青年でまた自らの学生歌を生むがよい。
その系列に属する歌、先輩の歌った歌としての敬意をもって
歌いついでほしいのである。
そこから先輩たちの心意気を汲みとってもらいたいのである。
それが寮歌の正しく生きる道であろうと思う。

この、寮歌を継承し、新しい学生歌をも創造してほしいという、深い思慮は中央寮歌祭の会にもあり、平成二十三年、第一回の同祭で次のような趣旨を述べて呼びかけた。

旧制高校は人間形成を根幹とする少数精鋭教育でした。そこには国家を背負って行こうとする強固な自負、信念がありました。私達は、この自負と信念を引き継いで寮歌を歌い、
　将来に伝えたいと願うものであります。

　かくして、寮歌は今や、最終局面の段階に到って、これを後世にどのようにして残し、伝承していくかが重大な課題になってきたのである。

　翻って、青春歌謡はどうであろうか。これは歌謡曲であり、広く一般に普及した。時に懐かしのメロディー、あるいは昭和の名曲として放映されることがある。しかし、それも広く歌われた歌であり、将来、多くは忘れられ、文献・音源として残るだけになるのではないか。しかも、青春歌謡を牽引してきた歌手も七、八十代に達して最近になって引退・死去が伝えられる。

　それでも、先行の歌謡を踏まえて新しい視点と発想による歌が次々と現れてきた。これからも、その時代にふさわしい新しい青春歌謡が生まれ出ることを願う。

ただ問題は、根本的に青春が今の時代に存在しているかどうか、ということである。

　文芸評論家の三浦雅士は、平成十三年に『青春の終焉』を刊行した。これによると、明治時代に青年が苦悶し成長する青春小説が盛んであった。しかし、その中心の高等教育を受けたエリートが戦後、平準化され、世は脱工業社会に入った。そうして、昭和四十年代

半ばから大学が大衆化して、「青年」が「若者」と変わり、「教養」は「知」と呼び変えられ、特権的、価値的な「青春」が終幕したという。

　このことから、「青春」の入り口たる「思春期」も消失し、少年（少女を含む）・青年・成年の区別が曖昧になり、それぞれの質的な内実を持つ段階的な時期も消滅した。各時代の特質・持ち味や形成・鍛錬もなく、平らで凪《なぎ》のような連続で、いたずらに年齢を重ねていくことになる。

　しかし、理想を求めて、より良く生きていく限り、青春は常に新しく、そして蘇り、再生していく。なぜなら青春の本質は人間の生涯を通して不変であり、常に人生の真を求める永遠の価値を有しているからである。


　六十年に及ぶ青春歌謡史を通覧して振り返ると、歌われる心情の中心は学校生活における友との交流とクラブ活動の錬磨であり、それとともに、異性へのほのかな恋心、教師への敬慕の情が漂う。そして、さらに内面に深まると、自己の世界に浸る孤独の世界へと入っていく。

　ここで重要なことは、青春の道を歩む過程で別れの占める意義である。友や師から別れて卒業し、初恋や失恋から立ち直って、新しい世界へ門出し、さらに出会いを深めていく。かくして、青春から別離して、一人前の人間と成っていく。

このような別れは、青年が生きていく限りは必ず通過しなければならない「青春の門」（五木寛之の同名の小説）である。これを一つ一つ克服しては通り過ぎ、次の上昇への地点に至りつく。

青春の根源・本質はいつの時代においても変わることはなく、常に青年は同じことを初めから繰り返し、学んでいかざるを得ない。青春歌謡は変容や衰退はあっても常に不滅であり、自立して青春を生きる道に歌い継がれ、また、新たに創られて、継承されていくことであろう。

第五章　青春をいかに生きるか　―わが青春論―

一、青春の本質

青春は自己の自覚史

少年の春は惜しめども、留まらぬものなりければ、弥生の二十日余りにもなりぬ。

これは、平安時代後期に『源氏物語』にならって作られた『狭衣《さごろも》物語』の冒頭の一節である。この「少年の春」の「少年」とは現代の少年ではなく、青年・若者という意味で、「弥生の二十日余り」は旧暦で春の終わり、今の暦では四月の下旬である。

次に、この「春」とは何か。季節の春とともに、人生の春をも意味する。この一文を解釈すれば、春から夏へ、いくら惜しんだところで、一瞬に過ぎていく。このことは人間も同じことで、青春はひと時も止まることなく、いつの間にか過ぎている。この名文は九百五十年後の今も変わらず、青年時代・青春時代の重要な位置づけを示している。

では、この「青春」とはいかなるものか。青春という言葉は、ややもすれば明るい自由奔放な、若々しく浪漫的なイメージで語られる。いわく、「青春を謳歌する」「青春はうるわし」「我が青春に悔いなし」「ただ一度の青春」「すばらしき青春」など。

このような言葉を聞いていると、青春のただ中にいる者は何となく浮き浮きして、今の間に楽しみ、遊んでおこうという気持ちになるのではなかろうか。しかし、これだけでは、将来の人生を生きていく上で、浅薄な上調子なものに堕してしまう怖れがある。

青春が一生に一度の掛け替えのないものであるなら、幼年、少年、壮年、老年時代も貴重な人生の一段階であるはずである。青年には青年のできること、老年には老人のなすべきことを果たせばいい。それぞれの時代や時期には、それぞれに応じた重要な価値があるものである。青春とか、青年を強調したいのなら、いつもそのつもりで立ち向かうことが必要であり、ただ青春だけに夢があり未来があると思うようでは、今という時を無為にしてしまうことになる。それでは青春が終われば何もできなくなってしまうだろう。今は常に今であり、それは、絶対的なものである。

人間の一生は、単なる時間的、並列的な連続でも、時間の積み重ねでもない。そこに、自己に対する自覚・意識・責任があってこそ成長していく。漫然と過ごすことなく、主体的な自律と責任によって、歴史を形成しようとする意識があってこそ「何々期」、「何々時代」と言えるのである。

青春とは、まさにその自覚史とも言うべき一過程でなければならない。青春が時に強調されるのは、その時代が人生の単なる一部分ではなく、その人の生涯にとって、一生を決する画期的な価値があることによって初めて意味がある。従って、青春をいかに過ごすかということは、人生をいかに生きるかという、きわめて大切な問題なのである。

それでは、その青春とはどのような意味内容を持つのだろうか。

青春の「青」という語は、草木の茂る若々しい様子とともに、「青侍」「青二才」という言葉から分かるように、未熟ということを表す。「はる」（春）は、「はる（張）」や「はゆ（生）」と同じ語源で、新しい生気ある生命の漲《みなぎ》る情態をいう。また、「わかい」（若）は「わく（湧）」さまであるという意味合いを持ちながら、一方、「をこ」「をかし」と関連があり、未達成という意味もある。

このように、青春は幼き心から大人になろうとする途上にあるもので、決して平坦で楽な甘いものではない。確かに、表面的には年齢的な若さから体力もあって、思うままに振る舞うこともあるだろう。しかし、それだけでは心の奥底はどこか虚しく、手応えのないものであり、一段階、上に飛躍するためには、惑いと苦しみを通り過ぎなければならない。

無限の可能性を秘めているようで、何もできないもどかしさ、劣等感、意識過剰、我執にとらわれ、希望と絶望、喜びと悲しみ、傲慢と自己嫌悪、一人の自己とそれに対するもう一人の自己、というように心は絶えず不安定に揺れ動き、交錯し、混沌《こんとん》としている。身体と精神の不調和、思想と行動の矛盾、理想と現実の齟齬《そご》、友情を求めながらも孤独を愛し、異性に心を寄せながらもちぐはぐな態度をとるというように、不均衡に落ち着くところなく迷っている。

このような状態に投げ出されているのが、本当の青春の姿ではないだろうか。

青春はなぜ美しいか

では、このような苦しみに満ちた青春が、一方ではどうして美しいと言われるのか。それは、混迷の状態を一貫して支えている、純真・素直・清純な心というものがあるからである。利害にとらわれずに、自分の生き方や考え方を探っていく、その真摯な態度が尊い。清らかな心であるがために悩むのである。

生みの苦しみ、脱皮への悩みは人生における一試練である。自己の内面を見つめ、省みて、それを乗り越え、向上して行こうとする意志や活力こそ青年の特質である。もし、このような意気地のない者は、青年にして既に心朽ちている。

近代文学には、青年・青春を扱った作品が多くある。たとえば、夏目漱石の『三四郎』、森鷗外の『青年』、田山花袋の『田舎教師』、島崎藤村の『春』、川端康成の『伊豆の踊子』などである。

これらの主人公は、それぞれの時代を背景に決して晴れやかな青春を送ったとは言えない。むしろ、青年独自の哀感、感傷が強く表れている。大人の世界に入りかけのぎこちなさ、強い自我、未熟、感情のゆがみといったものを通して、内面的な成長を遂げ、世の中や人間の真の姿が分かってくるのである。

高校一年の教科書によく出てくる『伊豆の踊子』は、旧制高校生と踊子の心の交流を、ただ好きとか恋愛感情とか言ってしまえないものがある。性質のいじけた青年が内面で葛藤し、旅先で知り合った踊子の純情・素朴な態度に惹かれ、心が純化・浄化されていく経過が感謝の念とともに描かれている。浪漫的で甘美な心情より、むしろ、自己の内面を深く凝視し、脱却、成長していく過程に着目すべきである。

人が老いて青春時代を惜しみ、懐かしむのはただ昔のことだからではない。そこに純粋に自分を考え、一所懸命に生きてきた、その一途《いちず》な向かい方に共感するのである。青春とは、過去のものとなったときに初めてその価値や意義に気づき、青春時代は良かったと思うのではないだろうか。だからこそ青春は美しいのである。

平安時代後期の『更級日記』には、物語に熱中した夢多き少女時代と、宮仕えも結婚生活も思うに任せず、人生の悲哀を味わいながら、ついには仏道に心を寄せる晩年との対照が静かに表れている。老境に入った作者にとっては、物語は、そらごとであったと悔恨しつつも、清純に純情に生きた多感な少女時代はまたとない価値あるものであった。たとえ、後で振り返って恥じ入るばかりの稚拙さであっても、その当時は、それで真剣であり、充ち足り、意味があった。

青春とは、青春時代を生きている当人には無用の言葉かもしれない。若き日を回顧するところに青春がある。初めから青春を意識して、強調するものではない。まして青春だから何をしてもいいとか、無鉄砲な行動をとるとかは許されない。その時々を力一杯生きている者自身には、第三者的な評価や解釈は必要としない。それぞれが、それぞれにおいて完結し、価値を有しているから美しい。青春という言葉をあまり強弁すると、自己陶酔、逃避、放縦、阿諛《あゆ》虚妄《こもう》に終わってしまう怖れがある。

明治維新を導いたのは、多くの青年の勤皇志士であった。志士の純忠無私の和歌は今なお心を打つ。心の底には親兄弟を思い、人間世界にただよう苦しみや悲しみもあったであろう。佐久良東雄は、「君がため朝霧ふみて行く道は尊く嬉しく悲しくありけり」と詠んでいる。この一身にかかわらぬ大きな悲しみが、より内面を深めたことであろう。

大東亜戦争で散華した若き学徒の青春も、苦悩と悲哀を超克し、一つの澄んだ清らかな境地に至った。世の「きけ　わだつみの声」は正しい形で伝えられていないが、本来の遺稿や遺詠は青春の極地とも言うべき、涙新たなるものがある。

一回的な歴史において自己の生命と価値を一点に集中させ、燃焼させた姿は不滅である。現代の若者に、求むべき理想や永久不変の価値が見られないのは、それだけ青春を無意味にしないだろうか。戦後の教育が、国家や家庭を否定し、歴史・伝統の連続を断ったために、自己というものが根無し草的な一個人になってしまった。自分より大きい価値ある存在を見いださないで、どうして青春を、また人生を充実させられようか。

青春は不滅のもの

青春とは、ただ年齢的に若い一時期を指すのではなく、常に青春の心を内に蓄え、自分の務めを持続的に果たしていくべきものである。「生涯青春」とも言われる。これまで青春の厳しく暗い面を酷に指摘し過ぎたようであるが、このような反面を見なければ、決して実りある明るいものにはならない。

春が来るには冬を経なければならないように、苦しくとも耐え、沈潜し、来たるべき活動の源泉を養っておかなければならない。物事は、急に成就するものではなく、努力の蓄積により自然に開花する。いたずらに青春の美名に酔い、甘い快さ、安易さを考えてはいけない。これから生きていく基本的な態度や考え方を確立し、将来の人生への展望を開いていく重要な時期が青春時代なのである。

二、青年の生き方

無気力、無関心、無責任の三無主義、これに無感動を加えて四無主義ということが言われて久しいが、最近の高校生はこの言葉をほとんど知らないようである。注意をひかないほどこのような態度が普通のものになったのであろうか。

高校時代は幼少より成人に至る人格の形成上、重要な時期で、自我に目覚め、自己と周囲との関わり合い（交流とともに対決）を通して自己を確立して、生涯の展望を開いていくべきものである。このような時に、三無や四無であっては、いつまでも甘えた態度で大人になってしまう。

一方、ホルモンラッシュと言われるほど、心身共に不安定で動揺し、いわゆる第二の誕生を迎えることから、一時的に無の状態に陥ることは悲観することではない。

若者はよく、高校時代は思い切り遊びたい、勉強がすべてではなく、他にやることが多くある、と言う。確かに自我の煩悶の中で、自分を何にでも試してみたいと思うことはあろう。しかし、いま高校生であるという現実の地盤を離れて、何かを求めていないか。自分の本当の姿は高校生ではない、別のところにあるというのか。そして、それが自己の練磨ではなく、現在からの安易な逃避になっていることがないか。いま、何をなすべきなのか。留年する大学生や働きたくない者が多くなっているように、自己への問いかけを経ずして、何ものも得ることはない。

青年時代は大人になる準備期間であり、大人のまねをする時ではない。早く大人になりたい、そうすれば何でもできるという気持ちを抑えて、厳しく自分と大人との懸隔をしかと見つめ、他人や社会と自分との関係の中で孤独を持し、自立的に思索、熟慮すべき時である。青年に社会的な責任や義務を大人ほどには課さず、一種の猶予（モラトリアム）を置くのはそのためで、これは青年の特権であり、誇りでさえある。

既に、学生らしい風采が失われ、学生かどうかの見分けがつきにくい。これは内面的にも影響を与えずにおかない。学生らしい顔がなくなっている。物質や世俗に背を向けても、知的時間を遊ぶのがエリートたる学生なのである。

若者は自由を求める。これは青年として当然のことで、ここに進取発展の相がある。しかし、その自由とは何か。単なる制限や規制からの解放だけではないか。本当の自由は目標にするものではなく、生き方の中に、つまり自分の理想や価値を実現していく営みの中にあるものである。自由な精神の働くところに知的創造の世界が開けてくる。

ところが、大人になればなるほど、一般に自由からは程遠く、世の流れに妥協して安穏に暮らしていく。本当は大人になると逆に何もできない。大人は憧れるものではない。物分かりのよい、世間ずれした、すました若者になるのはやめたらどうか。荒削りでもいい、純粋に素朴に、美しく豊かな夢や理想を求めていこう。この青年の意気が人や世を動かしていくのである。

日頃、屈託なく楽天的に処している青年は心が満ちているだろうか。ひとりになった時、どこかむなしさを覚え、生きることの無意味を感じることがないか。青少年の自殺が増えつつあり、しかも、動機不明の曖昧なものが多いようである。しかし、死を前提にしない人生論はあり得ず、死の理念や衝動に悩まされない者は青年ではない。この空虚感はどこからくるのか。この感情を心の中で通過させることなく、充実した人生とは成し得ない。

青年になって、家族・社会・国家と自己との関係を考えたことがあるだろうか。民主主義や個性尊重の美名のもとに、自分だけの基準で、ひとりよがりに生きていることはないか。生きることは他者との中で自己の理想・使命を実現していくことである。共同体の中で自分はどういう存在であるかを考え、自分はどのようにすればいいかを究めよう。何かをしてもらうのではなく、自分はその中で何をすることができるかを考えよう。人生の目標はこのようなところからも見え出してくるだろう。

青年は自己より大きい存在があることを知らねばならない。自分の属する共同体以外にも、例えば、自然・歴史・文化などに、自己一身をぶつけてみよう。そこから広い世界が開けくることを知るだろう。青年こそこのことを成し遂げることができるのである。

三、青春貴族たれ

かつて流行したテレビの学園ドラマで、青春ものの最後とされる「われら！青春」の挿入歌として「青春貴族」という歌があった（昭和四十九年）。

その「青春貴族」とは「精神貴族」のもじりであって、「精神貴族」は生活は低くても心は高く、他人に流されずに自分自身の精神の質を向上させ、理想を求める生き方を示している。羨望《せんぼう》をこめた一種の褒《ほ》め言葉である。

この姿勢・信念と内面世界は、そのまま「青春貴族」という言葉にあてはまる。「根っから気のいい」「のんびり自由」で「ハートがでっかい」青年は、「誰でもいかないとこまで」行き、「自分じゃなければできないこと」をする。これこそ青春の特権であり、モラトリアム（猶予期間）を真に意義あるものに生かすことになる。

「青春貴族」たる者は、そのために孤立ならぬ孤独に耐え、華々しい謳歌ではなく、苦悶、挫折、絶望に苛《さいな》まれ、迷いながらも自己の道を自主的に真剣に求めなければならない。それは苦しい課業である。しかし、それを乗り越えてこそ、本当の精神的な「貴族」になることができる。気ままで付和雷同の青春は無責任で無自覚な「大衆」であり、何の実りももたらさないであろう。

「青春貴族」こそ人生の開拓者であり、覚者である。青春時代をほのぼのと思い出すのは青春を過ぎてからでよい。「青春貴族」たる高貴な精神と身分を自覚する者が、真の「青春」を生きることができるのである。

四、青春と孤独

白鳥《しらとり》は哀しからずや空の青海のあをにも染まずただよふ（若山牧水）

青い空や海に紛れることなく、ただ一羽、漂っている白い鳥の姿を、青年はどのように捉えるだろうか。青春の憂愁や哀感を胸に秘めながらも、それに打ち向かって行こうとする純粋で崇高な心を実感できるだろうか。

アルバイトをしていると世の中のことがよく分かって、いい経験だという意見がある。そんなことで分かるほどの世は本物とは言えないのではないか。ただ興味半分の珍しさだけのことである。若い時代にはその時でしかできない求めるべきものがある。

大人びた派手な身なりをして「個性がある」という。もともと自分らしさを出す内面的なものを持っているのだろうか。揺れ動く「人生に対する美しい憂悶《ゆうもん》」（オーストリアの詩人、リルケ『若い詩人への手紙』）は、清純なセーラー服や学生服で覆えばよい。

たばこを隠れて吸ったところで、平生でない雰囲気に浸り、自分の世界の中で得意になるだけのことでないか。それよりか青年の純情が曇らされ汚されることを恥ずべきである。

喫茶店を好む高校生が多いが、薄暗い人工的、非健康的な空気にいるよりは、楡《にれ》の木陰や教室の片隅で友と語り合う方が夢多き高校時代に適《かな》うであろう。大人の真似事《まねごと》のようなものは自分の内実から遊離した、はかない仮面の生活ではないか。

青年時代には大人の社会に憧れるのではなく、青年独自の世界を創らねばならない。今から大人のまねをして、将来何があるというのだろうか。むしろ世間を離れ世俗を脱し、自己の心を深く静かに見つめよう。不器用であっても確かな理想を求めよう。金に縁がなく世間知らずでもこれは当然のことであって、現実的な日常生活を超えて高尚な精神生活をこそ保つべきである。

一日の多くの時間を自分のものに使えることは大人には望めないことで、学生は暇を持っていることを誇りにすべきである。受験勉強がつらいというのは怠け者の言葉である。参考書を少しずつ仕上げるにつれ、着実な実力の向上を実感するのは何と楽しいことではないか。授業・自習を通してでも学問の入り口の一端に触れることができる。文学・歴史・芸術の世界に人生や人間の真実を考え、心情を豊かに養うこともできる。

青春はひたすら純真で素朴で一途であるがゆえに美しく、また、未熟であるがゆえに新鮮である。世の現状に馴染み、妥協するのではなく、反発し、批判し、改革しようとするところに青年らしさがある。活力を失い、ただ世塵《せじん》に安住する者はもはや心が朽ちている。妙に擦れた物分かりのよい若者よりも、荒削りで純朴な者の方が末頼もしい。あまり早く悟り過ぎると将来伸び悩み、やることがなくなることがある。大器晩成という言葉もある。

青春に孤独はつきものである。自分を見つめるとは孤独になるということで、孤独に徹し、その厳しさに耐えてこそ、初めて他と親しみ、真に結び付くことができる。

人のことが気になる、人と同じことをして安心する、いつも一緒に行動する、これでは自分は一体どこにあるのだろうか。とりとめもない会話、粗雑な流行語、符牒《ふちょう》的な無意味な言葉などによる仲間意識に真の連帯感が生まれるだろうか。誰もが同じような漫画を見ていて慰めを感じても、心に響くものがあるのか。毎日楽しそうに話をしつつ、ふと本当は誰とも分かり合っていないと、寂しさを覚えることはないか。たとえ遊んでいても、終わってみるとむなしいと感じることもあろう。

心の底にある寂寥は外に放たず、そっと秘めておけばいい。慎ましい恥じらいの中から美しい豊かなものが育まれる。高校時代の恋は人生観や立場が未確立ということもあって実ることが少ない。むしろ片思いには夢があり、永遠に失うことがない。

青年は人に知られず、干渉されたくない自分だけの世界を構築し、ストイックに自分の壁を作るべきである。これは外部と妥協することと比べてはるかに困難な作業である。たゆたう心はつかみがたい。それをまず目に見える形によって自分を規制しようとする。そこから新たな自由と創造が生まれてくるだろう。

中学校の時は勉強もでき意欲的であったのに、高校に入って気がつくと、無気力で虚無的に陥っていることはないだろうか。これは少年期から青年期に達しようという自覚の苦しみの時代と重なって、良い意味では青春の証しとも言える。

梅の花は厳寒の中から開花し芳香を発する。このひととき孤独にまた孤高に自らを保ち、ほろ苦くも甘い感傷と浪漫の中にひたるとよい。そうして、自立に向かって自己を鍛えることである。苦悶し悲歎し絶望し挫折することを恐れる必要は、今や少しもない。

五、青春と自由

かつて京都の公立高校の校風に「自由」が挙げられていたことは、いわゆる「全人教育」と相俟ってよく知られている。これは京都の歴史と風土にも関わり、京都人の意識を形成しているようにも見える。

しかし、自由とは何であるか、高校における自由はいかにあるべきかについて生徒自身は必ずしも理解せず、ただ放縦・勝手・気ままといった風潮の中で、のんびりしているだけではないだろうか。

一般に自由という言葉には二つの意味がある。即ち、他からの束縛・強圧・規制から解放された状態と、行動・選択を思い通りにできる状態の二つである。

前者は「何々からの自由」、英語のリバティ、後者は「何々への自由」、英語のフリーダムと表される。前者は外からの支配を受けないといった外面的、消極的なものである。一方、後者は人間の主体的な意思により内面的な創造に向かおうとする積極的なものである。自由を考える手がかりはここにありそうである。

服装、化粧、喫煙、バイクなどについての規則はどの高校も厳しくなり、生徒はそれに反発し自由を主張する。これは何のための自由であり、何を目指してのことだろうか。上から与えられる規則だけを気にして不自由に思い、また規則を免れる抜け道を考える。それに外れず見つからなければ何をしてもいいと勘違いする。批判・反対するだけでは、実質的にそれ以上、向上しない。

何の制限もない状態で自らを厳しくし、治め、自己を形成していくという、自覚的なものを持っているだろうか。生徒には無処罰や寛大さより、むしろ怒ってほしいという厳しさを求める甘えもある。あまりに自由過ぎるとかえって抑制に憧れる。いわゆる「自由からの逃走」という気持ちもあろう。

理想的な規則のあり方は、生徒としての本分を務めていたら意識せぬほどの、当然の前提である。それが難しければ、規則を自分の生き方として受け止めてみよう。外形によって自己を正し、制限することを、形式的と言って軽視してはならない。形や型によってけじめをつけ内実を養うのは人間の真実の一面ではないか。礼法、芸道、儀式、運動でも同様で、心は曖昧でつかみがたいので、まず形から入ろうとする。未熟ゆえに形態から摸倣して自己を鍛え、ここから自立と創造に向かう。厳しい自己抑制を通して理想への蓄積が成るのである。

かくして規則は外からよりは、むしろ自ら心の中に作り出すべきものである。自己の良心に問い、道をわきまえていれば、他から干渉されず、自分の道を進むことができる。道徳や正義は本来そういうものであり、真の自由もここにある。

自由と責任、自由と規律の問題もこういう点から考えるべきである。責任や規律はまず自己の内面に問い質し、自己に課さねばならない。権利よりも義務が先行する。そしてこの恩恵として自由を享受することになる。何となくテレビを見てしまう、人がそうするから自分もそうする、友達の誘いに簡単に応じる、無内容な漫画を受身的に漫然と見る、することもなくアルバイトに精を出す。これでは無目的な多数を相手にした商業主義や大衆の中に、個が埋没していると言えないか。このような風潮の中で、どうして自由があると言えるだろうか。規則の撤廃に自由を見いだしたいなら、自分の毎日の生き方を自主的に立て直し、自己を見直すべきであろう。これこそ本当の自由への道ではないか。

青年はいたずらに自由に憧れ、自由を求めるのではなく、自己の内面に自制的、自覚的な枠を作り、自己を鍛錬していかねばならない。それは外から与えられるのを待つのではなく、どんな時代や環境であっても自分で作り出さねばならない。こうして本来の自由な精神が育てられ、真の自由な実存に達することができよう。

規則や制限の中で、積極的に自由な生き方を試みるべきではないか。外物に圧倒されてはならない。これを内面に自己の生き方として吸収し、そこから独自の個性、自分らしさを生み出す、ここに真の自由があると言えよう。

自由とは目標でも条件でもなく、外なるものから解放された状態を指すものでもなく、一人の人間自らの生き方の中にある。自由とは求めるものではなく、自分の理想や意志・信念を実現し創造していこうと努力する営為の中にある。自由を求めて獲得したとしても、それは自由という名の不自由ではないか。自由を意識せず執着しないのが本来的な自由なのである。

自由を教育の目標にしてはならない。これは単なる校風、学風にとどまるべきで、自由な雰囲気の中から青年としての生き方を自主的に深めていかねばならない。自由な校風を根拠にして好きなことを気ままにするのは本末転倒である。自由が形骸化したところには荒廃と退廃しかない。若者は自由な気風をありがたく思うなら、それだけ自分に責任が課せられていることを自覚し、自分の本当の生き方を考えてみなければならない。

さて、旧制の学校制度は中学校・高等女学校五年、高校三年、大学三年であった。中学校はおおむね厳格であったが、高校は寮生活を基盤に自治と自由に満ちていた。そして大学では青春の青臭さは消え、学問が深められた。

これを現在の学制に当てはめるとどうなるか。最も精神的に動揺しつつ成長する、中学と高校が入試を挟んで分断された。しかも中学で厳しくしつけられてもそれを体得するには至らず、高校に入ってほっとして気ままに過ごすことになる。

旧制では高校入試は難しいが、大学にはほとんど行けた。今は大学入試のため高校生活も中途半端に終わってしまう。大学では教養課程が旧制高校に相当するが、年限は短くなり、学生は遊民と化し、旧制の大学の質は大学院に求めなければならないほどである。

では、旧制高校の自由に対して、現代の学生はどのように自由を生きるべきか。

真に自由を享受するには、前提として禁欲的に自己を律することが必要である。自己抑制、義務先行を経て、初めて人間や人生の意味が分かってくる。

第一、自分は、自らの意志で世に生まれたか。親や国を選んだか。人間は生まれながらに自由ではない。自己の存在には大きな力が働いている。また、規制や制限からの解放を求めても、自分で責任を持って処していけるだけの資格があるか。試験がなくても勉強が続けられるか。自由という重圧に逆に翻弄されていないか。

青春はもともと不自由で不如意なものであって、これを乗り越えるのが青年である。真の自由を欲するなら、まず自己の主体性を確立しよう。みんながそうだからと考えずに、自分は我が道を行き、人に秘すべきものを心に育もう。時に饒舌《じょうぜつ》と喧噪《けんそう》から離れて、沈黙と孤独に沈潜する時間を持とう。信念を貫き立場を明確にしよう。

こういうところからも自らのものを生み出すことができ、これこそが自由な生き方なのである。自由は目指すものではなく、理想を実現しようとする過程に生きている。。旧制高校の誇る自由も実はここにあったのである。

六、自由・孤独・連帯

かつての旧制高校（現、大学の教養課程）で、校風を表す言葉として三高（現、京大）の「自由」、一高（現、東大）の「自治」が言われた。

自由と自治は物の両面であって、自己の責任と自覚に基づいて、そこから新たに活動と創造が求められる。自由はそれ自体、無意味であって、自由の中でどのように生きるか、ということが大切なのである。自由のための自由は自滅する。物からの解放は真の自由ではない。物において自分自身を見いだすところに自由が成り立つ。

今は風化したが、昭和四十年代半ば、いわゆる大学紛争の時、左右の学生運動の集会で「友情と連帯の挨拶」が盛んに行われた。大戦に敗れて一世代、見せかけの繁栄と平和にある現在、厳しい状況における友情と連帯も大学で消えた感がする。学生寮もそのころから自治能力・自治責任を失い、従って真の自由もなく、知性ははがれ、個室の学生アパートに取って代わろうとしている。

自由とは自己に対面して、孤独の中に生きて、自己に問うことである。他人を排斥して孤立するのではなく。自己の実存（真実存在）を静かに観ずることにより、真に人と結び付くことができる。孤独の寂しさ、哀しさの中から、人との、またそれを超えた絶対の存在との連帯を得ることができる。

喧噪と集団からは真の人間関係は生じない。大衆の団結や利害の集団ははかなく脆《もろ》い。自己の弱みを数の力で隠してはならない。数の中に自己を埋めてはいけない。みんなと一緒でなければ不安で何もできない、一人一人はいい子なのに集団になると人が変わったように悪くなる、というような事例が何と多いことだろう。

言葉の真の意味での自由と連帯は、孤独と愛の関係の中にある。真に生きることは孤独に生きることである。

七、幼年・少年・少女・青年・老年

「少年」という言葉は、明治時代には現代の「青年」「若者」と同じ意味に使われていた。明治二十八年、博文館は成人向けの総合雑誌『太陽』とともに、それ以外の者のために総合雑誌『少年世界』を刊行した。ここに大人と大人以外の二つの階層に区分し、今の「青年」という語を使わなかったことに注意しよう。同三十年刊の『少年園』は読み物を中心にした雑誌で、中学校と高等女学校の生徒を読書層とした。

現在、「少年」は広義には男女であるが、狭義には男子を指している。当時は男女ともに指すのが一般的であった。「少年老い易く、学成り難し」の漢詩の「少年」がなぜ「老い易く」なのか、今の感覚では分かりにくい。「少」の字義は本来「わかい」であり、「老」の対語である。

一方、『少年世界』に対して、同じ博文館から明治二十四年『幼年雑誌』が刊行され、これは尋常小学校の生徒を対象にしていた。こうして明治二、三十年代に、中学生に「少年」、小学生に「幼年」という言葉も使われていた。

一方、「少女」はどうであったか。「少年」はもともと男女を含めて言われていたが、明治三十二年に高等女学校令が制定され、女子教育が本格化した。この進展に合わせて、三十年代半ばから四十年代に若い女性向けの雑誌、『少女界』『少女世界』『少女の友』『少女画報』が相次いで発刊された。

これは女学校の教育を補完する役割を果たし、「少年」から分離、独立、発展して、その女性版とも言うべき「少女」なる言葉が定まった。少女独自の心情、感性を培い、憧れ・理想・夢を育み、少女の好みに合った少女像、少女のイメージが確立していった。

この少女独自の世界は、大正十二年刊の『少女倶楽部』（講談社）の情熱、また、小説では吉屋信子による女学校生活を舞台にした小説、『花物語』（大正五〜十三年）の浪漫で頂点に達した。

「青年」が我が国で使われたのは早く近世後期からで、藤田東湖は自分の年若かった頃を回想して、そう呼んでいた。一般的に使われたのは明治になって、ＹＭＣＡ運動の中から、「ヤングマン」を訳す時に、「少年」に対して「青年」という語が考えられたのがその始まりと言われる。

一方、明治六年の英和辞書には「ユース」の訳として「少年、若者」のほかに「後生、青年」とあり、「青年」には「としわか」と振り仮名がある。この二つの流れによって「青年」の語が定着していったのであろう。

明治二十年代半ばから三十年代に『青年文学』『青年文』『青年界』という雑誌が刊行されていたことも考え合わせると、このころに「幼年、少年、青年」の意義の分化がはっきりしたと言えよう。この「青年」が広まったのは「青雲の志」や「青春」の連想から、草木が茂るように若々しいイメージをもって迎えられたからと思われる。

先に「幼年」「少年」を小中学生に当てはめて考えた。大正三年に講談社から『少年倶楽部』『幼年倶楽部』が刊行され、熱狂的に迎えられた。私は昭和二十年代の後半、小学校高学年のころ、『幼年クラブ』を経て、『少年クラブ』を愛読していた。このころ、『少年』

『少年画報』『野球少年』という雑誌もあったことから考えると、「少年」は小学生の上級、「幼年」は低学年という印象であった。

以上の通り、「少年」は、元来、今の「青年」を含む概念であったが、「少年」から「幼年」が分化し、青年と幼年の中間に位置する年代として定まった。次に、「少年」から「少女」が分離して、男女が特定されていったのである。現代の多様な人間像に対して、広い意味の「少年」という捉え方では対応できなくなったのであろう。

ちなみに、月刊の『少年クラブ』『少女クラブ』は昭和三十七年に終わり、週刊の漫画雑誌に取って代わった。この雑誌にも「少年」を冠しているけれども、かつての少年たる世界、少年たる時代の独自性は消滅したのではないだろうか。

柳田国男によれば、農村で若い者が「青年」と呼ばれたのは明治二、三十年代で、これは右に述べてきたことと一致する。それ以前は「ニセ」と言われた。「ニセ」とは「ニヒセ」、つまり「ニヒ（新）」なる「セ（背）」、元服して新たに「セ（男）」となったことを意味するという。

「青二才」と言えば、現代は年若く経験の乏しい者を卑しんで、あるいは自ら謙遜して言うが、この「二才」は年齢ではなく、右のニセから来ており、「青」にはもともと悪い意味はなかった。改めて「青年」と呼ばれて、人々の心持ちが変化したという。「青年」は「成年、盛年、生年」と同音語が多く、当時は耳慣れない漢語であっただろうが、「青」の意義による支えがあって受け入れられていったのである。

さて「青年」の次は「壮年」で、少青壮老という年代が長く定まって使われてきた。しかし「老年」と言えば、老い衰えていくイメージが強いので、高齢化社会を迎え、老人自身の生き方や態度を積極的に意味づけるため、別の新しい語が求められた。

それが「熟年」であり、また「シルバー」と外国語でぼかして言い替えた。「青年」が春から夏、「老年」が冬であれば、「熟年」は秋であり、熟す、成熟という人生の頂点を極めた意義を含む。しかし、これは一方、爛熟《らんじゅく》に通じ、衰退や退廃への兆しを示すことになる。

そこで昭和の終わり頃に「実年」という語が、国民一般に公募して使われるようになった。年齢で言えば、五十代から六十代半ばを指し、「実」という漢字から、実り・結実・充実を連想し、「青年」の「青」の未熟と対になっている。「中年」「高年」は単に年代による区分であり、「実年」は実質という肯定的なニュアンスを含んでいる。

私が少年のころ、大人の存在が非常に大きく見えた。落ち着いて、何事も分かり、人生を悟りすましているように思えた。しかし、自分がいざ青年になり、壮年を生き、実年から老年にさしかかった今になってもまだその域に達せず、少年時代に抱いていた大人の存在になりきっていないことに気がつく。少年の心も含み、青年の意力もなお引きずり、一続きのような感じで、手応えがない。

青春はやはり後で振り返って気づくものであり、人間の飛躍や社会の進展は青年たる意気によって、年齢に関係なくなされるものである。「少年の気」と言えば幼いけれども、「青年の気」であれば、生涯にわたって通用しそうである。しかし、一方、それぞれの年代に応じた生き方、考え方、感じ方をもって、後半生を処していくべきである。

八、子供の時と大人の時―同窓会の意義

平成の初めごろ、小学校時代の学年全体の同窓会を初めて開いた。戦争の真っ最中に生まれた我々は、占領中に小学校に入学、戦後のやや落ち着いた昭和三十年代初めに卒業した。あれから四十年弱、人生の大きな節目に立ち、それを記念すべく、仕切り直しのつもりで、各クラスから委員を選び、準備を進めてきた。

これまでそれぞれの組でクラス会は時々開いていたが、学年全体のことは考え及ばなかった。しかし、五十歳という年齢に達すると、自然に来し方を振り返り、行く末に思いを馳《は》せてしまう。四十歳の時は人生の折り返し点の自覚はあり、後半期をどのように生きていくか、「惑わず」前方を見ていた。ところが、五十歳になって、十年前とは少し違った感慨で、何か切実な思いがひしひしと身に沁みてくる。徐々に衰えていく体力に気づき、人生の到達点を見通し、生涯の中での現在の位置を考えるようになってきた。これが「天

命を知る」であろうか。残された短い時間が一つの限定されたまとまりとして、枠のようにはっきり目の前に示された思いである。

我々の小学校時代は食べ物も着る物も十分でなかった。給食は食パンと脱脂粉乳に少しのおかず、臨海学校、修学旅行には配給のお米を持参、一日十円の小遣い。紙は貴重で、鉛筆書きの上に赤鉛筆で二度使ったこともある。このように物質的には地味で清貧であった。しかし、心は明るく素直で元気一杯。勉強は少しはしたが、常に外で走り回り、よく遊んだ。あの少年少女時代を回想するゆとりが今になって出てきたのである。

過ぎた時間を惜しみ、懐かしむことは何より心に安らぎを与え、心を美しくする。しかし、これだけではあるまい。過去を振り返ることにより、現在まさに生きている実感、これから生きていこうとする活力が湧いてくる。自分ひとりの人生ではなく、多くの人との関わりの中で巡り合い、生かされてきたことさえ感じる。五十歳記念は人生後半への出発となるはずである。

我が国では老いてゆくことは価値の減少ではなく、人間の成長と深まりを意味する。国語で「おゆ」（老）と「おや」（親）は同じ語源である。「おきな」（翁）、「おうな」（媼）はそれだけで尊い。老師、老成、老練という語もある。最近は「老年」を避け、「熟年」「実年」と言われる。四季に例えれば秋、人生を充実させ、実りを遂げる年代である。

さて、同窓会とは不思議な場所であり、時間である。卒業してそれぞれ別々の人生を歩んできた。それが何十年後に一斉に一堂に会する。長い空白の時間を飛び越えて、過去の一時期に直結する。共通の思い出、共通の感覚に繋がっていく。このことは時間が決して量でなく、単なる積み重ねでないことを示している。記憶に残って蘇る時間と、忘れて消えゆく時間とがある。前者は断片的であっても、一つの質的な流れを形成し、今に至る。

同窓会は日常生活と隔絶している。この時間が終われば、次の日からそれぞれが再び平常に戻り、各自の生活が再開される。同窓会は日常性、現実性から脱出し、変身し、いわば架空の世界に入る。そこで、自分を見直し、省み、新鮮な刺激を与えられ、蘇るかのように再出発する場である。旧友のふりを見て、鏡のようにわが身のふりに気づき、忘れていた自分を再発見する。子供の時、こうであったと指摘される。友の姿に過去の自分の影を二重写しに思い出す。今の自分と決して無関係でない自己を再認識し、再生する。再会の楽しみと味わいはここにあるのだろう。

小学校の学級は一国一城である。組のまとまりは強く、誰もが自分の組が最高と思っている。それでも、組替えの後、前のクラスの者と会っても特に話をすることもなかった。また、同じ組にならなくても多くの子は六年間で名前も分かり、家も大抵は知っていた。こうして今に至り、クラスを超えて互いに親しく話ができる。少くとも世間並みの会話でその場を繕うことはできる。

結局、大人になったということである。子供のころは形式ばった、あるいは相手を気遣う挨拶や会話はせず、別の組の者には知らぬふりであった。それで悪意があったわけではない。今は、子供の時の面影を宿す大人どうしが同窓のよしみのみで、昔からの友のように安心して話ができるのは人生の妙味であろう。

老人になると子供に帰り、その記憶がより鮮明になるという。老人の認知症は一種の子供の姿である。五十歳にして初めての同窓会に遠近各地から半分も集まるというのは、もう一度、子供の原点から人生を見直そうということであろう。あのころの振る舞いや仕草、思いつきや感じ方が大人になっても心のどこか、体のどこかに残り、引きずり、また変化しても発展して、今の自分を形づくっている。言われるように、誰でも子供時代があった。今まで生きることに精一杯で、それを忘れていた。かくて、来し方行く末を見渡す心のゆとりが生まれてきたのである。

過去の自分は、決して現在の自分と無関係ではなかった。あのころ、子供は子供なりにひたぶるに子供らしく生きてきた。それはそれで光り輝くような意味と価値があったのだ。そうして、今ここに一続きの自分という存在として生きて、恩師・旧友と再会できた。人間はふるさとのように、帰るべきところにいつかは帰っていくのであろう。

第六章　青春歌謡の詞華集

以上、五章にわたって、青春歌謡の歌詞を読み解き、青春の本質・特質をいかに捉えて表現しようとしたか、その発想・意識・感覚を言葉の問題に関連づけて考究してきた。

ここで最終章に至り、改めて十項目の視点・観点によって整理し、青春とは何か、をずばり言い当てた表現を選んで、独立した文章として語録のように読める文集にまとめることにした。

平安時代の終わりごろ、六番目の勅撰和歌集として『詞花和歌集』が編まれた。「詞花（詞華）」とは、美しく巧みに表現した、優れた詩歌や文章のことである。

華やかで麗しい言葉の花びらのように心を打つ名句・名文を集めたものという意味で、ここに青春歌謡の詞華集（アンソロジー）と名づけて、本書の結びとする。

〈凡例〉

○読点（、）を適宜つけることがある。
○終助詞の「さ、の、よ、わ」は会話調なので省く。
○原歌詞の一字空けや区切りの「／」はすべて省く。
○作詞者名、歌手名、リリースの年は省く。ただし同じ題名の歌は作詞者名を付記する。
○歌詞そのものは原文通りである。
○歌の題名の下に該当する本文のページを示す。

一、青春とは

○気力―生きる原動力

「青春は太陽がくれた季節…燃やそうよ、二度とない日々を」（「太陽がくれた季節」、39）

「俺たちの道に一度だけ咲く花がある。…若者よ、この日この時の生命《いのち》の証《あか》しを立てよう」（「青春はどこに」、40）

「何かで燃やすのが若いいのち、何かに賭けるのが一度の青春」（「ミュンヘンへの道」、45）

「一度だけなら、青春の日は燃えて過してみるのがいい」（「燃える青春」、46）

○苦悶―惑いと迷いに沈む

「青春時代が夢なんて、あとからほのぼの想うもの。青春時代の真ん中は、道に迷っているばかり…胸に刺《とげ》さすことばかり」（「青春時代」、94）

「青春の光いつも遠くて、影ばかり近いと…あてもなく歩いてたさびしい日々も、過ぎてしまえば、みな美しい」（「過ぎてしまえば」、95）

「青春…は、ぶつけ場所のない悲しいエネルギー…使うあてのない激しいエネルギー」

（「青春」、95）

「今でもあなただけが青春のリグレット（注、後悔）…今では痛みだけが真心のシルエット（注、影絵）」（「青春のリグレット」、96）

「青春は…こころのあざ…思いはからまわり」（「タッチ」、96）

○成長―大人になる過程

「大人の階段昇る、君はまだシンデレラ…少女だったと、いつの日か想う時がくる…なつかしく振り向く日がある」（「想い出がいっぱい」、107）

「春はお別れの季節…みんな旅立っていく。…そんな悲しまないで、大人への階段を昇るだけ。…4月になれば悲しみはキラキラした思い出」（「じゃあね」、108）

「チャンスは何度でも訪れてくれるはず…いつか想い出に変わる。大人への階段をひとつ上がったの」（「元気を出して」、108）

「思春期に、少年から大人に変わる道を探していた。…遠ざかる溢れた夢」（「壊れかけのRadio」、109）

二、胸より胸へ―心と心を共にして

「セーラー服のあの胸に、僕の思いがともったら…心と心抱き合った、そこにあるんだ幸福《しあわせ》は」（「すばらしき級友《クラスメート》」、26）

「肩を寄せ合う小さな傘が、若いこころを燃えさせる」（「雨の中の二人」、30）

「空しさに悩む日はあの人を誘いたい、ひとことも語らずに…何気ない心のふれあいが幸せを連れてくる」（「ふれあい」、41）

「人は悲しみが多いほど、人には優しく出来る」（「贈る言葉」、49）

「いつの間にか、きみたちは面と対《むか》って話せなくなった。遠い会話ばかりで、心つないでいるのか。目を見て語れ、恋人たちよ、瞳の色の真実を…心いためて探り合えよ、それが愛になる。」（「目を見て語れ　恋人たちよ」、105）

三、沈黙の語りかけ―心と心の通い合い

「好きなんだけど離れてる…だまってる、大事な宝かくすように」（「星のフラメンコ」、51）

「見つめて、胸のベール、奥に誰が住んでいるのかを。言葉じゃ気持ちは届かないでしょう」（「愛がひとりぼっち」、102）

「或る日突然、二人だまるの、あんなにおしゃべりしていたけれど。…或る日じっと、見つめ合うの、二人はたがいに瞳の奥を。或る日そっと近寄る二人…いつか知らず、胸の中で育ってた二人の愛」（「或る日突然」、102）

「あの頃の二人は、話しさえ出来ずに、そばにいるだけでも何かを感じた」（秋元康「卒業」、103）

「胸の奥のすべてを開いて、ずっと私、貴方を見つめているから。わかりあえるふたつの心で、言葉よりも貴方を知りたい」（「SHOW　ME」、104）

「愛し合う二人には、言葉など要らなくなる」（「眠らないままで」、104）

「言えないの…言いたいことなら…あふれてる。…目と目で通じ合う…そうゆう仲になりたい」（「MUGO・ん…色っぽい」、104）

四、孤独―ひとりになって自立へ

「遠い町を訪ねた時には…海をみつめ、孤独にひたり、つらい青春かみしめている」（阿久悠「青春の旅」、101）

「唇をかみしめて君がみる夢がある。…君は今、ただ一人、歩きだす。…君は今、はるかにも…青春」（「君は今青春」、101）

「ためしてみたい、若さを。これから歩く人生に、一人で流す涙が君にあるかぎり…明日にかける力が君にあるかぎり」（「青春の詩《うた》」、101）

「ゆこう、ひとり旅。…道なき道をふみしめ、きょうもたどる心よ、強くあれ」（「赤い花」、110）

「俺の心は星が知る。…ひとりでそっと旅に出る」（「星と俺とできめたんだ」、110）

「僕の遠いあこがれ、遠い旅は捨てられない。…解ってくれるだろうか、僕のはるかなさまよいを」（「木戸をあけて」、111）

五、初恋―もどかしくはかなく

「胸の中に秘めていた恋への憧れは、いつもはかなく破れて、一人書いた日記」（「学生時代」、51）

「遠い初恋はあかね雲、色も淋しくうすれ行く。…ぼくの胸に陽は沈む」（「たそがれは君の匂い」、51）

「好きだとも言えずに歩く川のほとり、往きかう人になぜか目をふせながら、心は燃えてゆく。…ゆらゆらゆれる初恋のもどかしさ」（「わたしの城下町」、52）

「なぜだか逢えなくなって恋しい人…今なら恋だとわかる、はるかな人」（「初恋のひと」、129）

「あの時、君は若かった。…小さな心を苦しめた。…あの時、僕も若かった。…僕の心も苦しいんだ」（「あの時君は若かった」、130）

「恋をして、淋しくて　届かぬ想いを暖めていた、好きだよと言えずに。初恋はふりこ細工の心」（村下孝蔵「初恋」、131）

六、失恋―美しく別れゆく

「悲しみをこらえてる、傷ついた若い恋。また会う時は…大人になっているだろう」（「マークⅡ」、52）

「うまく行く恋なんて、恋じゃない」（「気絶するほど悩ましい」、58）

「愛に終わりがあって、心の旅がはじまる」（「心の旅」、137）

「最後の化粧をするから、私を綺麗な思い出にして。席を立つのはあなたから、後姿を見たいから」（「外は白い雪の夜」、142）

「思い出は美しすぎて、それは悲しいほどに。もう二度と手の届かない…遠い人」（「思い出は美しすぎて」、143）

「会うたびに、いつも会えない時の寂しさ分けあう二人。…人はみな心の岸辺に、手放したくない花がある。それは…儚《はかな》く揺れる一輪花」（「桜」、145）

七、時の流れと場の隔たり―懐かしく近しく

「若すぎて見えなかった」（「ジャックナイフの夏」、98）

「日暮れまでのひとり旅、さみしい自由、胸に沁みる空。不思議ね、離れると、あなたが近くなる」（「小さな旅」、103）

「失った夢だけが美しく見える…過ぎ去った優しさも今は甘い記憶…あの頃は若過ぎて…色褪《あ》せた哀しみも今は遠い記憶」（「SWEET　MEMORIES」、131）

八、卒業からの別れ—新しい旅立ちへ

「卒業写真のあの人は、やさしい目をしてる。町でみかけたとき、何も言えなかった。…ときどき遠くでしかって。あなたは私の青春そのもの」（「卒業写真」、56）

「卒業しても友だち。…でも過ぎる季節に流されて、逢えないことも知っている」（松本隆「卒業」、117）

「初恋、ひとり卒業。…煌《きら》めくほろ苦いメモリー…ここに残して大人になってく」（売野雅勇「卒業」、118）

「『卒業』。いつも涙じゃなくて、これから始まる夢くれる。…別れじゃなくて、出会いの予感をくれる。…未来の扉《ドア》の鍵」（町田紀彦「卒業」、122）

「桜咲く季節に巡る出会いと別れ。未来という不安な明日へ旅立つときに、人は少し大人になる」（カシアス島田「卒業」、123）

「いま、別れのとき、飛び立とう、未来信じて、弾む若い力信じて」（「旅立ちの日に」、124）

「新たな日々へと旅立つ時…同じ空の下、どこかで僕たちはいつも繋がっている」（「友～旅立ちの時～」、126）

「サヨナラは悲しい言葉じゃない。それぞれの夢へと僕らを繋ぐ…サヨナラを誰かに告げるたびに、僕らまた変われる」（「YELL」、128）

「時はいつも止まらずに変わってく。街も人も愛もみんな。人はいつか旅立つ。幼かった昨日の私に、さようなら」（「my graduation」、136）

九、青春からの別れ―次の段階へ

「前にひろがるあしたの海に、きらり輝く思い出が、青春のわかれ道だった」（「青春のわかれ道」、113）

「暮れかかる都会の空を想い出はさすらってゆく…青春のうしろ姿を、人はみな忘れてしまう」（「あの日にかえりたい」、114）

「青春わすれもの…今さら気になる」（「青春わすれもの」、114）

「青春はこわれもの、愛しても傷つき、青春は忘れもの、過ぎてから気がつく」（「思秋

期」、115）

「忘れた頃に見つかるなんて、まるで青春の想い出そのもの」（「微笑《ほほえみ》がえし」、116）

「みんないつでも駆け足で、青春のとびらをしめていく。…同じ青春歩きつづけて、ふと気がつけば、岐れ道」（「美しい夏」、116）

「古い夢は置いて行《ゆ》くがいい、ふたたび始まるドラマのために。あの人はもう思い出だけど、君を遠くで見つめてる。…目がうなずいていた、別れも愛のひとつだと」（「銀河鉄道999《スリーナイン》」、112）

「出逢いと同じ数の別れがある」（森雪之丞「悲しみよこんにちは」、146）

「夢は砕けて夢と知り、愛は破れて愛と知り、時は流れて時と知り、友は別れて友と知る」（「古城の月」、115）

十、中年の回顧―青年の気と志を

「ほろ苦い想いする度に、少年の頃に戻りたがる。…生きてゆこう、浪漫《ろまん》を抱いて、さからいながら、つまずきながら…うつむかないで、ざらつかないで」（「浪漫を抱いて」、152）

「たとえ時代になじめなくても、迷うなよ、迷わすなよ。生き方をかえてどうなる。…そ

のときには想い出せ、熱い歳月」（「友よ」、153）
「やっと気付いた、あの頃、いくつもの場面、悔やむのはよそう。…あふれ出す朝は、涙ふくよりも歩き出そう。心は熱く…ただ《ママ》熱く」（「いくつもの場面」、153）
「少年の時に夢を抱いてた、ひとりひとりが。時がたち、憧れは…気がつけば、目の前に荒野があった。男よ、それでも夢を棄てるなかれ。…その胸の夢はおまえのもの。…どこまでもゆけよ」（「夢を引きずってゆけ」、154）

おわりに

本書を書き終えて思い付くことは、ゲーテの教養・成長小説、『ヴィルヘルム・マイスターの遍歴時代』（第二巻第一章、高橋健二訳）の次の一節である。主人公は「修業時代」を経て、各地を巡って人間の営み、人生の姿を見聞し、社会的な人間に成長していこうとする。ここで挙げるのは「教育州」といって、山地にある大きな学園で、独自の人間教育が行われている。

われわれのところでは、唱歌が教養の第一段階である。他のすべてはこれに関連し、これによって仲介される。ごく単純な楽しみも教えも…唱歌によって活気づけられ、心にきざみつけられる。われわれの伝える信仰や道徳でさえ、唱歌によって伝えられる。…それゆえ、われわれはあらゆるものの中で音楽を教育の基本に選んだ。音楽からあらゆる方面へなめらかな道が通じているのであるから。

この「唱歌・音楽」を青春歌謡に置き換えて読むと、大方、通じよう。ここで、人生歌謡、人生教育とも言える青春歌謡の根底に流れる青春、即ち青年の生き方・考え方・感じ方を、三点に要約してまとめとしよう。

①青春は希望を抱き、憧れを持って、夢を求めようとする。美しいもの、気高いもの、崇高なものを自分の心の中に、また、接する人や社会・自然に探ろうとする。この心性を理想主義と名付けることができよう。青春は現実の中に理想を求め、目標を定め、その一点に向かって生きていくのである。

②青春は純粋・清純・明朗なるものを求めゆく。青年の心は本来、純情で率直、情熱的である。その心情は豊かな感情に満ち、静かな情緒を湛え、成熟と豊饒《ほうじょう》に向かっていく。善なる人格、人間性は生き生きした実りをもたらす。

③青春はまじめに、刻苦勉励して向上を目指す。基本的には人生を、また自己を肯定的に見て、自立して自主的に生きていく。しかし素直に一直線に進もうとして、時に自制・懐疑・競争心によって挫折することもある。そうであっても、この苦難と憂悶から這い上がるために、さらに努めようとする。この忍苦・憂愁・悲哀は青年期独自のものであり、そこから克己・克服し、脱皮して一段と成長するのである。

以上の三つを敢えて「主義」の語を使ってまとめると、理想主義、人格主義、向上主義と捉えることができる。このように、青年の熱気・志気・気概をもって自己自身の道を切り拓く、この心の持ち方、構え方にこそ青年の生きる意義と価値が存するのである。

索引

歌手別

曲名別

あ

か

さ

著者紹介
若井　勲夫（わかい　いさお）
昭和十八年、京都市に生まれる。
京都大学文学部を卒業して、同四十五年、京都大学大学院文学研究科修士課程修了。
国語学国文学専攻。
京都文教短期大学助教授（児童教育学科）を経て、京都産業大学教授（文化学部）、平成二十六年、定年退職し、現在、同大学名誉教授。
〈著書〉
『教科書をどうすべきか国語科編』（日本工業新聞社）
『京都府の方言』（共著、京都府教育委員会）
『和気公と護王神社』（共著、護王神社）
『護王神社』（共著、護王神社）
『国語論考　語構成的意味論と発想論的解釈文法』（和泉書院）
『唱歌・童歌・寮歌—近代日本の国語研究』（勉誠出版）
『童謡・わらべうたの言葉とこころ』（同）
『和気清麻呂にみる誠忠のこころ—古代より平成に至る景仰史』（ミネルヴァ書房）
『鹿児島県（大隅国）和氣神社—御鎮座七十年記念』（編著、和氣神社）

歌から人生を学ぶ　青春歌謡名詩抄
令和五年二月十五日　初版第一刷発行
著　者　若井　勲夫
発行者　瓜谷　綱延
発行所　株式会社文芸社
〒一六〇－〇〇二二
東京都新宿区新宿一－一〇－一
電話　〇三－五三六九－三〇六〇（代表）
〇三－五三六九－二二九九（販売）
印刷所　株式会社フクイン

ISBN978-4-286-26061-7